Katrin Bogk · Mo cuishle [muh khish-la] – geliebtes Kind

Katrin Bogk

Mo cuishle [muh khish-la]

-

Geliebtes Kind

(Tagebuch einer Kinderwunschreise)

Bibliografische Information der Deutschen Nationalbibliothek: Die Deutsche Nationalbibliothek verzeichnet diese Publikation in der Deutschen Nationalbibliografie; detaillierte bibliografische Daten sind im Internet über www.dnb.de abrufbar.

2. Auflage 2023

Herstellung und Verlag:
BoD – Books on Demand, Norderstedt

Copyright © 2023 by Katrin Bogk

ISBN 978 3 757 86261 9

Für meinen kleinen Hendrik Leander, der tiefe Spuren in unseren Herzen hinterlassen hat und für all meine anderen Sternenkinder. Für alle Sternenkinder und ihre Eltern und Geschwister sowie ihre Angehörigen und Freunde. Und für meine Kinder, die ich fest an meiner Hand halten darf.

Und wenn du dich getröstet hast, wirst du froh sein, mich gekannt zu haben.

(Antoine de Saint- Exupèry)

Inhalt

Vorwort

Vor einiger Zeit war ich mit meinen Kindern, einer lieben Freundin und deren Kindern im Zoo. Wir liefen fröhlich lachend durch die winterlichen Außengehege und plötzlich erinnerten wir uns. An die Zeit vor ein paar Jahren, als wir einen Winterspaziergang an einem Leipziger See machten und uns gegenseitig davon zu überzeugen versuchten, dass ein Leben auch ohne Kinder durchaus Sinn machen kann - wir müssen uns nur andere Ziele suchen und setzen.

Es hat damals unendlich viel Kraft gekostet, jedem einzelnen Tag etwas Positives abzugewinnen und nicht im kläglichen Strudel des unerfüllten Kinderwunsches unterzugehen. Der sehnliche Wunsch nach einem eigenen Kind lässt sich nicht so leicht verdrängen oder gar vergessen. Er ist immer und zu jeder Zeit präsent. Mal mehr, mal weniger schmerzhaft.

Der Weg zu meinen beiden lebenden Kindern war nicht leicht. Aber er hat sich mehr als gelohnt. Allein der Moment, als mein Sohn geboren wurde, als er lautstark seinen Unmut über die Unterbrechung seines wohligen Wiegens im Mutterleib kundtat, als er über das grüne Operationstuch gehoben wurde, damit ich ihn sehen konnte, ließ alle Mühen, alles Leid (fast) vergessen. Einige Jahre später wurde unsere Familie durch unsere Tochter vervollständigt.

Als ich vor diesem überaus glücklichen Ausgang meines Kinderwunschweges ganz am Anfang stand und ahnte, wie lang und steinig er sein würde, fühlte ich mich das eine oder andere Mal recht mutlos, manchmal regelrecht verzweifelt.

Nach einer „konventionellen" Schwangerschaft im Jahr 2009 und einer Fehlgeburt in der elften Schwangerschaftswoche begaben wir uns in die Hände der Reproduktionsmedizin.

Die erste Behandlung, in unserem Fall eine ICSI (Intrazytoplasmatische Spermieninjektion), folgte im Frühjahr 2010. Daraus entstand mein Erstgeborener, Hendrik Leander, der im Sommer 2010 im fünften Schwangerschaftsmonat still geboren wurde. Er wird für immer unser kleiner Schutzengel bleiben.

Die zweite künstliche Befruchtung schenkte mir meines Sohn. Er kam fast auf den Tag genau ein Jahr nach seinem Bruder zur Welt. Mit Hilfe einer dritten ICSI entstand meine Tochter. Mein Nesthäkchen entstand ganz spontan auf natürlichem Wege.

Die Zeit nach Hendriks Tod war ein einziges schwarzes, tiefes, hoffnungsloses Loch. Dass ich mich daraus wieder würde befreien können, erschien mir zum damaligen Zeitpunkt sehr unrealistisch. Angetrieben hat mich einzig der Gedanke, dass mein Kinderwunschweg noch nicht zu Ende ist, dass dies einfach nicht das Ende sein kann und dass es noch ein kleines aber helles Licht am Ende des Tunnels geben muss, eine klitzekleine Hoffnung auf einen guten Ausgang und auf ein eigenes lebendes Kind. Diese Hoffnung war mein Strohhalm. Alles andere interessierte mich nach dem Verlust meines Kindes nicht mehr. Weder die Malediven, noch ein Kinobesuch, auch nicht ein schöner Blumenstrauß. Nichts konnte mich erfreuen oder mein wirkliches Interesse wecken. Diese Leere und dieser Zustand des Schmerzes und der Trauer waren grauenvoll und es hat mich viel Kraft gekostet, da herauszukommen.

Mir wurde schmerzlich bewusst, dass die Zeit nicht alle Wunden heilen kann. Manche Wunden bleiben. Und der Mensch mit dieser Wunde mag äußerlich derselbe sein, aber innerlich hat er sich völlig verändert.

Vieles, was mir früher wichtig erschien, ist mir seit dem Verlust meines Kindes gleichgültig geworden. Ich verschwende viel weniger Zeit mit Dingen und Menschen, die mir nicht wichtig sind. Ich versuche, mein Leben bewusst zu nutzen - jeden Tag, jede Sekunde.

Dieses Buch ist meinem Sternenkind Hendrik Leander gewidmet, der immer tief in meinem Herzen sein wird, und meinen Kindern, die ich ganz fest an der Hand und im Arm halte.

Mo cuishle stammt aus dem Gälischen. Es bedeutet „mein Herz, mein Blut". Meine Kinder sind mo cuishle. Ihre Mutter zu sein, übertrifft alle meine Hoffnungen und Erwartungen. Alles, was ich mir für meine Söhne und meine Tochter wünsche, ist, dass sie ein zufriedenes und glückliches Leben führen. Den Grundstein dafür versuche ich zu legen, indem ich ihnen vor allem vermittle, dass sie sich immer und zu jeder Zeit auf mich verlassen können, dass sie genau richtig sind, so wie sie sind, und dass sie um ihrer selbst willen geliebt werden.

Auf meinem Kinderwunschweg sind mir immer wieder Menschen begegnet, die im richtigen Moment die richtigen Worte gefunden haben. Ihnen gilt mein tief empfundener Dank.

Ich wünsche mir, dass meine Kinderwunschgeschichte vor allem Hoffnung sät. Denn Hoffnung und Sehnsucht sind es, die uns antreiben und nach Wegen zu unserem persönlichen Glück suchen lassen.

Zweites Vorwort: Gedanken meiner Schwester

Es ist Anfang August 2013. Meine große Schwester schreibt diese sehr persönliche, sehr emotionale Lektüre über einen sehr bedeutsamen und schwierigen Ausschnitt ihres Lebens und hat mich gebeten, meine Erinnerungen niederzuschreiben. Danke für diese Möglichkeit!

Im Moment sind heiße Tage, genauso heiß wie damals, als ich mich aufmachte nach Leipzig, um meiner Schwester in den wohl schwersten Momenten ihres Lebens die Hand zu halten. Ich hatte Angst davor.

Katrin ist ein starker Mensch. Sie steckt bewundernswert viel weg und man bekommt von ihrem Leid nur etwas mit, wenn es quasi nicht mehr auszuhalten ist oder man ganz, ganz genau zuhört und hinschaut. S14ie ist zu bescheiden, wenn es darum geht, Hilfe anzunehmen.

Schon lange wünschte sie sich ein Baby, es gelang nicht. Dann wurde sie unerwartet schwanger - ich sah es an ihrer prallen Ausstattung unterhalb des Dekolletees - noch bevor sie davon wusste. Ich hatte mich so für sie gefreut. Dann die Fehlgeburt, der lange Weg zur erneuten Schwangerschaft. Auf wundersame Weise gelang es. Ich war mir wirklich sicher, dass diesmal alles gut gehen würde. Das Schicksal konnte nicht zweimal so grausam sein.

Dann kam der Anruf. Ihre Stimme war hart: „Das Baby ist tot." Ich habe es nicht geglaubt. Ich begriff weder, dass das wahr ist, noch, was das nun alles bedeutete. Schon gar nicht war mir klar, was es für meine Schwester bedeutete. Ich erfuhr dann, dass man auch ein im Bauch verstorbenes Baby „still gebären" muss. Welch eine Grausamkeit.

Unsere Mama ist sofort zu ihr gefahren. Wir planten, dass ich sie ablösen würde, am Abend.

Ich stieg also bei Sonnenschein in mein Auto und fuhr zur Uniklinik. Es kam mir unwirklich vor. Bei dem Wetter fährt man in den Urlaub oder geht baden, aber Katrin lag in der Klinik. Sie sollte ihr Baby auf die Welt bringen. Tot.

Wie würde es meiner Schwester gehen? Ich war sehr unsicher. Wie verhalte ich mich richtig? Kann ich ihr angemessen zur Seite stehen? Hoffentlich mach ich das gut. Wie läuft so etwas ab? Ich war sehr nervös. Etwas zittrig in den Beinen und fest entschlossen, meine Gefühle im Griff zu behalten und stark zu sein für dieses Häufchen Elend, was mich da gleich erwarten würde.

Ich öffnete die Zimmertür, ein Zweibettzimmer. Meine Schwester lag gleich im ersten Bett. Ein blasses, tieftrauriges Gesicht schaute mich an. Eine kalte schweißige Hand streckte sich mir entgegen. Ich musste mich sehr zusammenreißen, nicht auch in Tränen auszubrechen und dieses schwache Ohnmachtsgefühl, dass da in mir lauerte, zu ignorieren. Sie weinte und schien so unendlich froh, dass ich da war.

Es wurde Abend. Mit im Zimmer war diese schwer kranke Frau, die unaufhörlich ihrem Redebedarf nachging und vor mir quälte sich mein Schwesterchen mit Wehen. Sie ging auf alle Viere und hatte fürchterliche Schmerzen. Sie war schweißgebadet und fror fürchterlich. Die Schwestern waren schwerfällig in der Patientenbetreuung. Ich musste mehrfach um medikamentöse Unterstützung und eine andere Bettdecke bitten. Der Schriftkram schien wichtiger.

Und all das im Beisein einer wildfremden Zimmergenossin. Ich saß daneben und wollte, dass diese Frau aufhörte zu reden und traute mich nicht, ihr das zu sagen. Warum? Weil ich auf ihr Einverständnis angewiesen war, im Zimmer bleiben zu dürfen. Und was macht meine Große? In all ihrem Schmerz, psychisch wie auch körperlich, bat sie die Dame ganz höflich darum, ihr etwas Ruhe zu gönnen. Unglaublich. Das wäre doch mein Job gewesen. Ich hatte keine Schmerzen. Ich ärgere mich noch heute über diese unterlassene Hilfeleistung meinerseits.

Die Stunden gingen dahin. Qualvolle Stunden. Dann ging es in den Kreißsaal. Ich durfte mit. Wir wurden von einer sehr freundlichen Hebammenschülerin in einen Raum mit einem Gebärstuhl und einer Liege gebracht. Katrin war sehr erschöpft. Sie wurde noch einmal untersucht. Die Hebamme meinte, es würde nicht mehr lange dauern. Meine Große versuchte zwischen den Wehen ein wenig zu schlafen. Ich killerte (unser innerfamiliärer Ausdruck für ganz zartes Streicheln mit den Fingerspitzen) ihr die Hand. So, wie wir es schon als Kinder taten. Die Hebamme wies mich darauf hin, dass es langsamer vielleicht einen beruhigenderen Effekt hätte. Da zeigte sich meine Nervosität. Dies und kalte Lappen für die Stirn war alles, was ich „tun" konnte.

Ich saß an Katrins Kopf, als sie plötzlich aus ihrem Dämmerzustand hochschreckte und sagte: „Jetzt ist er da." Der kleine Hendrik Leander wurde 3.33 Uhr wirklich sehr still geboren. Katrin lag auf dem Bauch. Auch sie war etwas ungläubig, dass es jetzt so plötzlich geschehen sein sollte. Sie fasste ganz vorsichtig nach unten und bestätigte ihre Vermutung. Sie schien ganz ruhig in diesem Moment. Aber nicht im Sinne von entspannt. Sondern so eine Stille, die unheimlich ist. Es war wirklich vorbei.

Die Hebamme kam herein. Sie nahm für uns unsichtbar das kleine Menschenbündel mit. Meine Schwester musste nun die Entscheidung treffen, ob sie sich das Baby ansehen wollte oder nicht. Die Hebamme brachte den kleinen Hendrik in ein Tuch gehüllt herein und legte es ihr in die Hände. Sie saß da im Schneidersitz. Ihr totes Baby in den Händen. Sie wirkte so zerbrechlich und stark zugleich auf mich. Ich war in den Minuten zuvor sehr unsicher, was ich tun sollte. Wollte ich das Baby auch sehen? Dann könnte ich nah bei ihr stehen und mit ihr den Moment teilen. Oder lieber doch nicht.

Aber in diesem Moment, als sie da saß und das weiße Tuch in den Händen hielt, war es das einzig Richtige ganz nah bei ihr zu stehen. Ihre zittrigen, weißen Hände hielten vorsichtig dieses Stoffbündel. Dann zog die eine ganz behutsam eine Seite des bedeckenden Stoffes zur Seite und dann die andere Seite. Da lag dieses leblose Minikörperchen vor ihr im Schoß und sie war so hin und weg von dem Anblick des kleinen Jungen. Alles war dran. Köpfchen mit Näschen und Mündchen, Augen und Fingerchen und Füßchen. Auch, dass es ein Junge war, ließ sich erahnen. Mutterglück und größte Trauer lagen so nah beieinander. Sie sprach mit ihrem kleinen Baby. Sie sagte ihm, dass er wunderschön ist, dass sie ihn unglaublich gerne kennengelernt hätte und sie weinte.

Sie war traurig, dass sie kein Foto von ihm hat. Die Hebammen entschieden, statt des Babys, eine Blume zu fotografieren. Und ich glaube, die Erinnerung aus ihren liebenden Mutteraugen ist viel wertvoller als jedes Foto.

Ich habe keine Erinnerung an die folgenden Stunden. Erst wieder morgens um 7 Uhr. Ich sitze neben ihrem Bett, zurück auf Station. Ich bin hundemüde und versuche meinen Schwager zu erreichen, damit er seiner Frau zur Seite steht. Ich schilderte ihm knapp das Geschehene und bat ihn, mich abzulösen, da ich wirklich erschöpft und müde war. Er hatte einen wichtigen Termin. Ich bat also Mama nochmal zu kommen. Ich wusste nur, dass ich Katrin nicht allein lassen konnte. Ich blieb noch zwei Stunden neben ihr sitzen. Sie schlief immer mal kurz, meine Anwesenheit gab ihr scheinbar Sicherheit.

Die Krankenschwestern waren ein Skandal. Ein erschreckend kalter, arroganter Umgang. Auf eine höfliche Frage nach dem Frühstück erhielten wir nichts als schnippische, inhaltslose Antworten.

Ich konnte dann nach Hause fahren, in meinen Alltag mit ein paar traurigen Bildern im Kopf und der Sorge, wie es meine Große wohl verkraften würde, zurückkehren. Meine Schwester konnte dies nicht. Sie hatte ein Kind verloren. Das ist das wohl Schlimmste, was einem Menschen widerfahren kann. Was mir in seiner ganzen Tragweite nicht klar war. Auch ich lebte in dem Irrglauben, dass man das schon nach ein paar Monaten verkraftet, dass es nicht so schlimm ist, wie wenn man ein Kind kennengelernt hat. Aber besonders deshalb bin ich dankbar, dass sie die Kraft und den Mut hatte, dieses Buch zu schreiben. Ich verstehe nun etwas besser.

Ich wollte zu gerne, dass sie es schnell verkraftet. Wer spürt gern, dass ein geliebter Mensch leidet? Und ihre „Geht schon"- Fassade hat es mir leicht gemacht, in diesem Irrglauben zu verweilen. Auch tendierte ich zu Ärger, wenn ich merkte, dass sie dem Leben nichts an Schönheit und Freude abgewinnen konnte. Unter dem Ärger jedoch steckte Angst. Angst, sie würde den Lebensmut nicht wiederfinden und ich könnte sie verlieren. Verzeih mir!

Wie leicht ist es, von außen zu sagen: Sieh doch das Positive an deinem Leben! Es gibt so viele schöne Dinge! Und das stimmt auch, die gibt es. Aber wie soll jemand, der sein Kind und Lebenssinn gerade verloren hat, denn plötzlich „juchu" schreien, nur weil die Möwe am Ostseestrand gerade schön aussieht?

Steffi

1. Kapitel: Der Weg bis zur ersten Schwangerschaft

Mein Kinderwunsch bestand schon seit vielen Jahren. Eigentlich wollte ich schon immer eigene Kinder haben, zumindest seit ich volljährig bin. Am liebsten hätte ich gleich nach dem Abitur mit der Familienplanung begonnen.

Schönes Wort übrigens - Familien"planung".

Damals dachte ich tatsächlich noch, Kinderkriegen sei planbar. Ich ging davon aus, dass ich irgendwann die Pille absetze und schwupps, bin ich schwanger. Herrlich, diese grenzenlose Naivität...

Aus Vernunftgründen habe ich meinen Kinderwunsch zunächst auf unbestimmte Zeit verschoben. Zunächst galt es, Studium und Referendariat mit den entsprechenden Examina erfolgreich abzuschließen und anschließend eine adäquate und möglichst unbefristete Anstellung zu finden.

Über all diesen Plänen gingen einige Jahre ins Land, bis endlich mit Ende zwanzig ein halbwegs passender Zeitpunkt gefunden war. Nun begannen unsere Versuche, Nachwuchs zu zeugen.

Ohne Erfolg.

Ich hatte eine Ahnung, dass etwas nicht stimmen könnte und suchte den Gynäkologen meines Vertrauens auf, der mir wider Erwarten keine wirklich hilfreiche Auskunft geben konnte. Er riet mir, die Sache locker anzugehen, möglichst wenig über den Kinderwunsch nachzudenken, in den Urlaub zu fahren und gab mir weitere Tipps, die mir ebenso wenig hilfreich erschienen.

So wirklich befriedigte mich dies nicht. Ich wollte wissen, ob unsere Bemühungen, uns zu reproduzieren, ein reiner Akt des Vergnügens bleiben (welches einem angesichts diverser Temperaturmessungen, Eisprungterminsbestimmungen etc. schnell zur Last werden kann) oder irgendwann Früchte tragen würden.

Ich wollte endlich ein Kind. Jetzt. Sofort. Nicht erst nach langen „lockeren" Monaten oder gar Jahren. Geduld findet sich nicht in der Aufzählung meiner Stärken.

Daher war für mich der direkte Weg in ein Kinderwunschzentrum folgerichtig.

Mein Mann wurde mit einer Mischung aus einer geballten Ladung Überredungskunst und Gejammer zum Termin genötigt.

Schließlich saß ich irgendwann zur Auswertung der Bluttests sowie des Spermiogramms vor einer der Ärztinnen des Kinderwunschzentrums.

Ich war unglaublich aufgeregt.

Die Ärztin teilte mir mit, dass bei mir alles das, was anhand der Blutwerte auswertbar ist, in Ordnung sei. Jedoch sei das Spermiogramm meines Mannes grenzwertig. Eine spontane Schwangerschaft sei damit zwar nicht gänzlich auszuschließen. Die Wahrscheinlichkeit, dass wir unter diesen Voraussetzungen kinderlos bleiben würden, sei jedoch hoch.

Ich war schockiert.

Zwar hatte ich geahnt, dass es ein Problem mit der Fruchtbarkeit geben könnte, dabei war ich jedoch von einer in meiner Sphäre liegenden Ursache ausgegangen...

So fand das Jahr 2007 einen absolut nicht schönen Ausklang. Ich war verzweifelt. Mein Mann zweifelte auch – nach seiner Auffassung müssen sich diejenigen, die seine Spermaprobe ausgewertet haben, grundlegend irren. Er sei zeugungsfähig. Schluss. Aus. Ende.

Es vergingen Tage, Wochen, Monate, und mein Mann wollte nicht über das Thema sprechen. Ich denke, für ihn war diese Diagnose ein echter Schock.

Zwischenzeitlich hatten wir in der Uniklinik ein weiteres Spermiogramm erstellen lassen. Mit ähnlichem Ergebnis.

Eine reproduktionsmedizinische Maßnahme kam für meinen Mann zu diesem Zeitpunkt nicht in Frage. Er vertrat die Auffassung, wenn es nicht sein soll, dass wir eigene Kinder haben, dann soll es nicht sein und es hat schon irgendwie seinen Grund.

Dieser Auffassung war ich, bevor uns das Leben auf die Wege der Reproduktionsmedizin führen sollte, im Übrigen auch. Ich höre mich noch sagen, dass ich nicht verstehen kann, wie man dem Schicksal derart „ins Handwerk pfuschen" kann. Schließlich müsse es ja einen höheren Sinn haben, wenn zwei Menschen auf normalem Wege keine Kinder bekommen können. Ich war in diesem Punkt voreingenommen und – bis mich dieses Schicksal selbst traf – auch einigermaßen überheblich in meinen Schlussfolgerungen.

Während in der Folgezeit gefühlt alle Welt schwanger wurde und das erste oder bereits das zweite Kind bekam, litt ich. Mal lauter, mal leiser.

Zwar versuchte ich, mich mit meinen Bekannten und Freundinnen zu freuen - sehr oft und mit zunehmender Tendenz gelang mir das jedoch nicht. Jede Schwangerschaftsnachricht versetzte mir mittlerweile einen kleinen bis mittelgroßen Stich ins Herz. Ansammlungen von Menschen mit Kindern mied ich. Diese große Trauer begann, mein Leben immer mehr und mehr einzuschränken.

Meine regelrechte Verzweiflung und Panik gründete sich vor allem darin, dass mir das Problem unlösbar schien. Eine natürliche Zeugung wäre wie ein Sechser im Lotto. Und wie wahrscheinlich so etwas ist, war mir durchaus klar. Eine Kinderwunschbehandlung wollte mein Mann nicht. Wie also sollte mein Wunsch Wirklichkeit werden?

Eine Zeit lang versuchte ich, mich mit den Vorzügen eines kinderlosen Lebens auseinanderzusetzen und anzufreunden. Ich las entsprechende Bücher und durchforstete Internetseiten mit Erfahrungsberichten zum Thema ungewollte Kinderlosigkeit.

Ich erinnere mich an einen Ostseeurlaub im Februar 2009 mit meiner Mama und mit meiner Schwester in Warnemünde. Wir hatten eigentlich eine wunderbare Zeit zusammen. Das winterliche Warnemünde zeigte sich von seiner besten Seite, es war Winterschlussverkauf und wir trugen unsere Beute tütenweise in unsere schöne Ferienwohnung. Mit meinem geliebten Hund, einem Rhodesian Ridgeback, waren die Strandspaziergänge eigentlich eine riesige Freude. Urlaub mit Mama und Schwester ist sowieso ein Genuss.

Nur eine hat die Stimmung verdorben: ich.

Mit meinen traurigen Gedanken an ein mir bevorstehendes, mir geradezu aufgezwungenes, Leben ohne Kinder. Mit in diesen Urlaub war ein Ratgeberbuch zur Bewältigung des unerfüllten Kinderwunsches gefahren. Derlei Lektüre kann ich wärmstens empfehlen, wenn man sich und seinen Mitreisenden den Urlaub nachhaltig und gründlich verderben möchte. Noch heute wundere ich mich darüber, dass meine Mama und meine Schwester regelmäßig weiterhin mit mir in den Urlaub gefahren sind. Es wurde ja in der Folgezeit nicht wirklich besser mit mir. Eine liebende Familie geht eben wirklich über alles.

Es gelang mir trotz aller Bemühungen nicht, mir ein kinderloses Leben schmackhaft zu machen oder mich zumindest soweit selbst zu beeinflussen, dass ich damit hätte leben können.

Und dann ereilte uns tatsächlich der Glückstreffer. Am 13.06.2009 machte ich einen meiner regelmäßigen Schwangerschaftstests. Und diesmal war er tatsächlich positiv. Eine Welle des Glücks durchströmte mich. Jetzt wird alles gut, dachte ich. Was für ein Wunder...

Das kleine Wunder verließ mich im August 2009. Missed Abortion nennt man das im Fachjargon. Das Herzchen meines Babys hatte einfach aufgehört, zu schlagen. Einfach so ist das kleine Baby wieder von uns gegangen und ist jetzt im Himmel der Sternenkinder.

Die folgende Ausschabung war der Horror. Am liebsten hätte ich mein Baby nicht hergegeben. In der Vorbereitungszeit auf die Narkose habe ich nur geweint. Ich konnte kaum sprechen vor Weinen und Schluchzen. Ich bekam ein Zäpfchen gelegt, welches einen Wirkstoff enthielt, der den Muttermund aufweichen soll, damit die Gerätschaften zur Ausschabung in die Gebärmutter eingeführt werden können. Der Akt der Ausschabung war für mich ganz fürchterlich. Im Wartesaal waren viele andere Frauen. Der Großteil dieser Frauen hatte nicht wie ich ein ersehntes Kind verloren, sondern sie trieben an diesem schönen Sommertag ihr unerwünschtes oder unpassendes Kind ab. Das fühlte sich für mich in dem Moment an wie ein Schlag ins Gesicht. Ein ersehntes Kind wieder hergeben zu müssen, auch wenn es noch so klein ist, ist eine prägende Erfahrung.

Als ich aus dem Klinikgebäude heraustrat, schien die Sonne. Es war ein warmer, schöner Augusttag. Und mir war so kalt.

Diejenigen, die selbst von so einer Erfahrung verschont geblieben sind, haben in den meisten Fällen kaum Verständnis dafür, wie es den Betroffenen danach geht. Sie können sich kaum vorstellen, dass die plötzlich ihres ersehnten Kindes Beraubten sich fürchterlich und leer fühlen.

Wenn die Mitmenschen lediglich kein Verständnis hätten, wäre es in Ordnung. Aber viele meinen, die Betroffenen mit Sätzen wie „Das war doch noch gar kein richtiges Kind.", „Wer weiß, vielleicht war es krank, dann ist es doch viel besser so.", „Die Natur wird schon wissen, warum sie das so gemacht hat." oder „Ihr seid doch noch jung, ihr könnt es doch bald wieder versuchen." behelligen zu müssen.

Hilfreich ist das alles nicht. Im Gegenteil. Ich habe mich durch solche Sätze hilflos, allein und unverstanden gefühlt. Das ein oder andere Mal haben diese Sätze auch Wut in mir ausgelöst. Dabei waren sie ja vermutlich tröstend gemeint. Aber gut gemeint ist nicht immer gut getan.

Man sagt ja, dass jedem Schlechten auch etwas Gutes innewohnen würde. So war es auch hier. Das kleine Sternchen, das sich trotz aller negativen Prognosen einfach so eingeschlichen hatte, zeigte mir sehr deutlich, dass ich unbedingt Mama sein wollte.

Ich verspürte ihn wieder, diesen starken Wunsch, diese starke Sehnsucht, einem kleinen und später größeren Menschlein den Weg ins Leben zeigen zu dürfen. Ihm das Handwerkszeug für ein hoffentlich glückliches und erfülltes Leben an die Hand zu geben und dieses Menschlein einfach unglaublich lieb zu haben. Ich verspürte so viel Liebe in mir, die ich unbedingt an mein Kind weitergeben wollte.

Mein Kampfgeist war wieder geweckt. Deutlicher als jemals zuvor wusste ich nun, ich will Mama werden und ich werde dafür kämpfen.

Auf der anderen Seite kroch mit dem wachsenden Kampfgeist in gleichem Maße wachsend die Angst vor einem Scheitern herauf...Manchmal war mir ganz schlecht vor Angst...

Das Leben ließ zudem keine Gelegenheit aus, mir meinen Wunsch beinahe täglich schmerzlich vor Augen zu führen.

Kurz nach meiner Ausschabung im August 2009 trat ich einen neuen Job an und bekam für die Einarbeitung eine Mentorin zugewiesen. Diese war hochschwanger. Na prima, dachte ich. Die durch den Jobwechsel fehlende Gelegenheit, zu trauern in Kombination mit der täglichen Konfrontation mit dem wachsenden Babybauch meiner Kollegin – das war manchmal wirklich hart.

2. Kapitel: meine erste Kinderwunschbehandlung

09.03.2010

Endlich kann es losgehen.

Die (private) Krankenversicherung hat nach einem langanhaltenden und nervenzehrenden Briefwechsel mit Prozessandrohung sowie langen und unwürdigen telefonischen Diskussionen die Kostenübernahme endlich zugesichert.

Eigentlich war ich durch den langen unerfüllten Kinderwunsch schon am Ende meiner Kräfte und dann musste ich noch so hart mit der Krankenversicherung kämpfen. Ich wusste manchmal nicht, ob ich überhaupt noch weiterkämpfen wollte. Es sah eine ganze Zeit lang so aus, als ob wir gegen die Krankenversicherung prozessieren müssten. Erst im letzten Moment wurde von deren Seite eingelenkt. Das hat uns einige Nerven gekostet. An den Anruf der Sachbearbeiterin der Krankenversicherung, in welchem sie mir die Kostenübernahme zusicherte, erinnere ich mich noch genau. Ich musste mich beherrschen, um nicht vor lauter Freude lauthals loszuschreien und gleichzeitig einen Rumpelstilzchentanz aufzuführen... Ich war so erleichtert und froh.

Heute nun erfolgte die Downregulierung mit Decapeptyl Depot. Ich bekam eine Spritze mit einem Hormon, welches die Hormonproduktion der Hirnanhangdrüse und damit schlussendlich den Eisprung unterdrückt.

Ich bin sehr aufgeregt. Endlich passiert etwas, endlich kann ich aktiv den Kinderwunsch angehen.

19.03.2010

Dieses Warten auf die Menstruationsblutung und damit den Startschuss für die eigentliche Hormonbehandlung macht mich wahnsinnig... Ich habe beim Termin zur Downregulierung auf eigenen Wunsch ein Präparat verschrieben bekommen, welches meine Menstruationsblutung auslösen soll. Auch nur einen Tag länger als nötig auf die Blutung und damit auf den Start der Behandlung warten zu müssen, erscheint mir unzumutbar.

21.03.2010

Gestern bekam ich endlich meine Periode. Heute ist der zweite Zyklustag und damit Stimulationsbeginn. Heute verabreicht mir mein Mann die erste Spritze Gonal f. Ich habe eine Art Spritzenphobie und kann mir momentan unter keinerlei Umständen vorstellen, mir eine Spritze selbst zu setzen. Ich falle schon beim Blut abnehmen regelmäßig in Ohnmacht. Die kleine Tablette mit den 5 mg Prednisolon ist gegen das Verabreichen der Spritze ein Klacks.

Im Vorfeld der ICSI war ich im emotionalen Chaos. Die Meldungen aus dem Freundeskreis über bald bevorstehende freudige Ereignisse häuften sich.

Es ist nicht so, dass ich mich nicht freue, wenn jemand schwanger ist, aber manchmal und tagesformabhängig zieht mir die eine oder andere Schwangerschaftsmitteilung so richtig den Boden unter den Füßen weg und ich gerate regelrecht in Verzweiflung.

In die Vorfreude über den langersehnten Behandlungsbeginn mischt sich im Moment eine Riesenpanik. Immer wieder kommt in mir die Frage auf, was wäre, wenn ich nie ein eigenes Baby habe.

Das ist für mich eine absolut grausame Vorstellung. Jedes Mal wird mir ganz übel, wenn diese Gedanken in mir hochkriechen. Mein Mann versteht meine Gefühlsregungen nicht. Er denkt, ich sei neidisch...Aber ist das tatsächlich Neid, den ich spüre? Um das herauszufinden, muss ich vorab den Begriff klären.

Unter Neid versteht man das moralisch vorwerfbare (emotionale) Empfinden, die Besserstellung anderer Personen oder Gruppen sei ungerechtfertigt (Quelle: Wikipedia).

Ich empfinde die Menschen, die gerade schwanger sind oder bereits Kinder haben aber nicht als bessergestellt. Schon gar nicht meine ich, sie seien ungerechtfertigt bessergestellt. Nein, ich empfinde eher tiefe Trauer und Wehmut, weil ich auch gern ein eigenes Kind großziehen möchte.

In die Trauer und Wehmut mischt sich ab und an Panik, Verzweiflung und eine Art Ruhelosigkeit. Ich fühle mich oft wie getrieben und auf der Flucht. Mein Ruhepuls liegt meist bei 100 Schlägen pro Minute. Mir gelingt es zwar durchaus, mich abzulenken. Vor allem während der Arbeit habe ich glücklicherweise keine Zeit, um über meine Kinderlosigkeit nachzudenken. Allerdings sitze ich nicht zehn Stunden am Tag an meinem Schreibtisch und arbeite. Vielmehr gehören beispielsweise Mitarbeitergespräche und diverser Smalltalk unter Kollegen zwingend zu meinem Tagesarbeitsablauf dazu. Und aus mir vollkommen schleierhaften Gründen kommt das Gespräch fast immer auf das Thema Kinder. Das Thema Kinder ist ja auch ein dankbares – wenn man welche hat. Es wird sich über die neuesten Autositze, die besten Aktivitäten mit Kindern und darüber, wer gerade schwanger ist, unterhalten. Täglich. Immer und immer wieder. Und ich stehe daneben und könnte heulen.

Ich würde gern flüchten. Gibt es irgendwo einen Job, bei dem man ganz allein vor sich hin arbeiten kann? So gänzlich ohne Kollegen, die mir von ihrem Kinderglück erzählen könnten? Dann hätte ich zumindest acht bis zehn Stunden täglich meine Ruhe vor diesem Thema...

Vielleicht bin ich aber auch tatsächlich manchmal neidisch. Die widerstreitenden Gefühle in mir sind selbst für mich, die ich sie hautnah erlebe, schwer zu beschreiben.

Das ständige, jahrelange Kinderwunsch-Gefühlschaos ist absolut anstrengend und zermürbend. Die Phase der Hoffnung vor und während der Behandlung toppt dies jedoch um Welten, ich empfinde das Ganze als emotional noch viel aufreibender. Hier ist sie endlich, die reale, wenn auch statistisch kleine Chance auf unser Wunschkind.

Und mit den Erfolgsstatistiken kenne ich mich aus. Ich habe alles verschlungen, was im Netz zu diesem Thema zu finden ist. Das IVF-Register gibt einen recht guten Aufschluss darüber, was man statistisch zu erwarten hat.

Trotz der statistisch eher bescheidenen Erfolgsaussichten habe ich die große Hoffnung, dass dieser Weg erfolgreich sein und uns unser eigenes Kind bescheren wird. Vielleicht nicht beim ersten Versuch, aber wir werden es schaffen.

Ab sofort trinke ich täglich eine Kanne mit „Kindlein-Komm-Tee". Ich habe zufällig im Internet über seine Wirkung gelesen und ihn sofort bestellt. Er unterstützt den weiblichen Zyklus in der ersten und zweiten Zyklushälfte, wirkt beruhigend sowie stimmungsaufhellend und fördert den Aufbau der Gebärmutterschleimhaut. Ich glaube ganz fest an seine positive Wirkung.

05.04.2010

Nach mehreren Kontroll-Ultraschalls, in Insider- und Kinderwunschforenkreisen als „Follikel-TV" bezeichnet, naht nun endlich der Tag der Punktion, also der Entnahme möglichst vieler guter und reifer Eizellen.

Im Vorfeld der Punktion tauchen schon wieder die nächsten Fragen auf. Und wie jedes Mal erscheinen mir die Fragen und deren Lösung entscheidend für den Erfolg der ICSI zu sein. Schier wie eine Ertrinkende stürze ich mich in die Recherche und befrage beispielsweise Leidensgenossinnen in den einschlägigen Internetforen.

Unter anderem befasse ich mich derzeit mit der ausgesprochen wichtigen Frage, wie lange ein Mann vor einer ICSI "enthaltsam" sein soll, um eine bestmögliche Spermienqualität zu erzielen. Dazu gibt es tatsächlich einige Studien.

Allein im Hinblick auf diese meine Gedankengänge tut mir mein Mann fast leid...

Aber ich will unbedingt alles richtig machen.

Das ist vermutlich meine Art, mit diesem Gefühl des Ausgeliefertseins im Rahmen des Behandlungsprozederes klarzukommen. Ich versuche, zumindest einen Teil der Behandlung zu kontrollieren.

Auf Arbeit werden derweil in den Kaffeepausen lustige Sprüche à la „Wer Ostern mit den Eiern spielt, hat Weihnachten Bescherung" ausgetauscht.

Ach, wenn die nur wüssten, dass es eben manchmal nicht ganz so einfach ist...

07.04.2010

Heute war der große und langersehnte Tag der Punktion. Heute wurde „geerntet".

Ich war unglaublich aufgeregt, da ich nur ahnte, was auf mich zukommen würde. Selbstverständlich hatte mir meine Ärztin genau erklärt, was da rein handwerklich passieren würde. Neben dem ganzen medizinischen Kram war das jedoch eine höchst emotionale und absolut aufregende Angelegenheit.

Wir kamen gegen 8 Uhr im Kinderwunschzentrum an.

Nach der Anmeldung im OP-Bereich des Zentrums wurden wir in die nahe gelegene Apotheke geschickt, um die Punktions-Nadel zur Entnahme der Eizellen sowie Utrogest zur Unterstützung der Gelbkörperfunktion kaufen zu gehen.

Zurück im Kinderwunschzentrum musste ich vorab die Narkose bezahlen. Auf diese Weise erst einmal um ein kleines Vermögen erleichtert, durfte ich dann den OP-Bereich betreten.

Nachdem ich meine Alltagskleidung in mein extra für diesen feierlichen Anlass erworbenes Nachthemd getauscht hatte, machte ich es mir auf dem mittleren der drei Betten im Aufwachraum bequem.

Nun kam der angenehmste Teil der Prozedur, denn es gab ein Gläschen "Schnaps", wie die Anästhesistin scherzhaft bemerkte. Selbstverständlich bekommt man vor einem solchen Eingriff keine Alkoholika gereicht. Vielmehr handelte es sich um Faustan in einer für meinen Geschmack doch recht anständigen Menge. Jedenfalls war mir nach Genuss dieses Gläschens alles ziemlich angenehm egal.

Um 09.45 Uhr wurde ich dann in den OP gebeten. Dort bekam ich die Spritze mit dem Narkosemittel und bereits um 10.15 Uhr habe ich das erste Mal bewusst wieder auf die Uhr geschaut.

Wie mir die Anästhesistin sagte, war meine allererste Frage, nachdem ich einigermaßen bei mir war - "Wie viele Eizellen?" - daran kann ich mich allerdings nicht erinnern.

Immerhin acht Eizellen konnten punktiert werden. Das ist ein mehr als zufriedenstellendes Ergebnis.

Im Aufwachraum lag eine junge Frau neben mir, die hatte um die 20 punktierte Eizellen. Als ich davon hörte, minderte sich meine Freude über meine acht Eizellen etwas... So ist der Mensch, es ist irgendwie nie genug. Ich gebe zu, am allerliebsten hätte ich 100 Eizellen gehabt, nur um sicher zu sein, dass irgendwann wenigstens ein Kind entsteht. Diese Gedanken schiebe ich jetzt sofort beiseite. Wie heißt es so schön: Am Ende wird alles gut. Und wenn noch nicht alles gut ist, dann ist es noch nicht das Ende.

Gegen 12 Uhr hat mich mein Mann dann in heimatliche Gefilde befördert. Im Grunde habe ich die folgenden Stunden - bis auf einige wenige klare Momente - schlafend verbracht.

Ab Nachmittag hatte ich recht unangenehme Bauchschmerzen im Bereich der Eierstöcke und konnte nur in gebückter Haltung laufen, wobei jeder Schritt durch die

Erschütterung ordentlich weh tat.. Und erst die Toilettengänge... Aua...

Glücklicherweise meinte es das Wetter an diesem Tag besonders gut mit mir. Die Sonne schien und ich konnte die Narkose- und Punktionsnachwirkungen auf der Terrasse auf der Sonnenliege auskurieren – eingepackt in kuschlige Decken.

08.04.2010
Am Folgetag der Punktion folgte die nächste Aufregung – der gefürchtete Anruf im Labor des Kinderwunschzentrums. Der Anruf sollte Klarheit bringen, ob und wie viele Eizellen befruchtet werden konnten. Vor diesem Anruf hatte ich Angst. Große Angst. Es kommt durchaus vor, dass der ganze Aufwand einer Kinderwunschbehandlung umsonst ist und sich keine der Eizellen befruchten lässt. Die gefürchtete Nullbefruchtung... Mein Herz raste und schlug mir bis zum Hals.

Aber meine Neugier siegte. Das Schicksal oder auch das Können des Labors haben sowieso bereits entschieden, dachte ich mir. Dann kann ich auch anrufen.

Ich hatte Glück und kam auf Anhieb telefonisch durch. Die sehr freundliche Biologin teilte mir mit, dass alle acht punktierten Eizellen reif waren und sieben Eizellen befruchtet werden konnten. 5 befruchtete Eizellen würden sehr gut aussehen, die anderen beiden wohl nicht so.

So ein tolles Ergebnis habe ich mir fast nicht zu erträumen gewagt. Ich bin mehr als zufrieden und angesichts der nicht zu beanstandenden Befruchtungsrate (der geneigte Leser ahnt es sicher schon: auch hierzu gibt es Studien, die ich selbstverständlich gelesen habe) sehr positiv gestimmt. Eine gute Befruchtungsrate gibt Anlass zur Hoffnung, dass die Chancen auf eine Einnistung und damit eine Schwangerschaft gut sind.

Nun heißt es aber erst einmal wieder Warten. Warten auf den für den 10.04.2010 geplanten Transfer.

Langsam wird es mir klar: diese ganze Behandlung muss man Schritt für Schritt für Schritt absolvieren. Ist die eine Hürde genommen, taucht am Horizont die nächste Schwierigkeit auf. Da hilft nur, so positiv wie möglich zu denken.

Irgendwie ist das ein seltsames Gefühl, dass da draußen, ein paar Kilometer weiter, ein paar Embryonen im Brutschrank vor sich hin wachsen und vielleicht einmal mein Kindchen werden...Ein gutes Gefühl. Ein sehr hoffnungsvolles Gefühl...

10.04.2010
Am dritten Tag nach der Punktion, einem Samstag, erfolgte der Transfer meiner Embryonen. Morgens sollte ich im Kinderwunschzentrum anrufen und nachfragen, ob geeignete Embryonen überlebt hatten und wir zum Transfer erscheinen dürfen.

Der Transfer selber war relativ unspektakulär. Zunächst musste ich mich wieder in die Bettenabteilung des OP-Bereichs begeben und mich mit einem Nachthemd bekleiden. Irgendwann wurde ich dann zum Transfer gerufen.

Mein Mann, der im Wartezimmer gewartet hatte, kam mit hinzu.

Ich lag auf einer Art gynäkologischem Stuhl. Anwesend waren die den Transfer durchführende Ärztin, eine Schwester, die Biologin und mein Mann.

Mein Mann saß an meinem Kopfende und war fürchterlich aufgeregt, was er selbstverständlich niemals zugeben würde. Seine schwitzigen Hände und sein aufgeregtes Atmen verrieten ihn aber. Er müsste allerdings auch ein echter Eisblock sein, wenn ihn das alles kalt lassen würde.

Dann kam der große Moment: es wurden zwei tolle kleine Embryonen, genauer gesagt zwei Achtzeller in A-Qualität, transferiert. Mein Mann hat mir während des Transfers Witze erzählt. Ich hatte nämlich irgendwo gelesen, dass sich dies positiv auf das Gesamtgeschehen auswirken soll. Ich möchte gar nicht wissen, was sich die Ärzte in derlei Momenten beim Anblick der dem Wahnsinn recht nahe anmutenden hoffentlich-bald-Eltern denken. Es ist eben ein sehr emotionales Geschehen. Es geht darum, ein eigenes Kind zu haben. Hopp oder top. Alles oder nichts. Kinderlachen oder leere Wiege.

Der Moment des Transfers ist auf der einen Seite so furchtbar nüchtern steril. Auf der anderen Seite ist es DER Moment. Die kleinen Embryonen kommen zurück. Und mit ihnen die riesengroße Hoffnung auf ein eigenes Kind. In diesem Moment habe ich mich dem Ziel so nah und doch so weit entfernt gefühlt.

Ich sei nun schwanger, sagte die Ärztin. Das war ein hochemotionaler Moment und es fiel mir sehr schwer, nicht direkt in Tränen auszubrechen. Und über mir schwebte ein Storchenmobile...

15.04.2010

Ich hoffe sehr, dass sich zumindest ein Embryo schön festgebissen hat.

Derzeit schwanke ich zwischen dem Gefühl „warum sollte es nicht klappen, es lief doch alles perfekt!" und „warum sollten wir Glück haben, es ging doch so viel schief in letzter Zeit.".

Alles Grübeln hilft nichts, erst der Test in ein paar Tagen wird Klarheit bringen. Zwar achte ich auf jedes kleine Ziepen, aber wirklich spüren kann ich derzeit logischerweise noch nichts. Mein Bauch ist nach wie vor ein wenig gebläht und es fühlt sich noch etwas anders an als sonst. Aber das ist auch schon alles und vermutlich lediglich eine Folge der Punktion. Ansonsten versuche ich, mich zu schonen und mir dennoch irgendwie halbwegs sinnvoll die Zeit zu vertreiben. Heute lasse ich mir meine künstlichen Fingernägel abnehmen. Ich habe in einer Kinderwunsch-Broschüre einen Artikel über ein mögliches Allergierisiko durch Gelnägel gelesen und will jegliches Risiko ausschließen.

17.04.2010
Langsam ist es vorbei mit meiner mühevollen Entspanntheit. Ich bin dem Durchdrehen nahe. Der sogenannte Warteschleifenkoller hat mich vermutlich voll erwischt.

Seit Tagen mache ich täglich einen Schwangerschaftstest. Mit blütenweißem Ergebnis versteht sich.

Glücklicherweise gibt es heutzutage bereits ausgesprochen preiswerte Tests, so dass der ohnehin schon vom Schicksal gebeutelte Kinderwünschler nicht auch noch der Verarmung anheimfällt. Logischerweise bin ich stolze Besitzerin eines Megasets dieser Billigtests.

Das Spritzen, die Punktion und der Transfer sind das eine. Das ist anstrengend und aufregend. Aber man tut etwas, man ist aktiv und hat den Eindruck, man hat zumindest einen kleinen Teil der Behandlung in der Hand.

Die Warterei ist das andere.

Ich komme mir vor wie paralysiert und mit Tunnelblick. Ich bin nicht schlecht drauf. Im Gegenteil. Ich stelle mir immer vor, wie die beiden Embryonen schön wachsen und es sich super gemütlich gemacht haben. Aber die Warterei bringt mich an den Rand meiner Leistungsfähigkeit. Ich habe nämlich durchaus - trotz allen positiven Denkens - Angst vor einem Negativ, Angst vor der Enttäuschung, Angst vor dem großen schwarzen Loch.

Denn auch wenn die Voraussetzungen eines Versuchs "perfekt" sind, so gehört doch immer eine große Portion Glück dazu.

Mein Gefühl insgesamt ist dennoch absolut positiv.

20.04.2010
Das Wunder ist tatsächlich geschehen: eine klitzekleine hauchzarte Linie ist auf dem Schwangerschaftstest erkennbar!

Zwar benötigt man sehr gute Augen, um sie zu erkennen, aber sie ist da! Zugegebenermaßen taucht die Linie nicht ansatzweise in dem in der Packungsbeilage angegebenen Testzeitraum von fünf Minuten auf, sondern erst deutlich später. Da ich aber mit diesen Tests schon seit Tagen teste und bislang auch nach Tagen keine Linie auftauchte, kann es sich definitiv nicht um die gefürchtete sogenannte

Verdunstungslinie handeln. Außerdem müssten dann gerade heute auf drei Tests derlei Verdunstungslinien auftauchen.

Denn selbstverständlich habe ich noch zweimal getestet. Sicher ist sicher und dreifach hält besser.

21.04.2010

Heute ist der 13. Tag nach der Punktion.

Meine präsenile Bettflucht habe ich für eine erneute Schwangerschaftstest-Testreihe genutzt. Zwischenzeitlich hatte ich meinen Vorrat an Schwangerschaftstests bei Besuchen in den umliegenden Apotheken und Drogeriemärkten noch etwas aufgerüstet. Gemeinerweise ist der Vorrat an Schwangerschaftstests in hiesigen Drogeriemärkten stark begrenzt. Der Kunde oder vermutlich eher die Kundin darf sich schon glücklich schätzen, wenn sie zwei Tests pro Drogeriemarkt ergattern kann. Ich kam mir schon ein wenig vor wie ein Junkie auf der Jagd nach seinem nächsten Kick.

Bei der heutigen Testreihe verwendete ich den Pregnafix Frühtest rosa, den Aide One Step und den Clearblue Digital mit Wochenbestimmung.

Ergebnis: alle positiv!

Ein absoluter Traum. Glück pur. Was für eine Freude. Ich bin tatsächlich schwanger. Es hat sich gelohnt. Ich bin überwältigt. Diese kleine rosa Linie auf dem Schwangerschaftstest ist so unscheinbar. Aber für mich bedeutet sie die ganze Welt.

26.04.2010

Heute, am Tag 19 nach der Punktion, hat der Bluttest die Schwangerschaft bestätigt. Das Schwangerschaftshormon HCG lag bei sehr sicheren 1176 Einheiten. Allerdings liegt der Progesteron-Wert nur bei 83. Er müsste aber idealerweise bei 190 sein. Daher muss ich fortan 4x2 Utrogest täglich nehmen, statt wie bisher 3x2 Utrogest.

Der Progesteron-Wert hat mir einen kurzen Schreck eingejagt, aber ich vertraue darauf, dass das Problem mit einer erhöhten Progesteronzufuhr von außen in den Griff zu bekommen ist.

3. Kapitel: die Schwangerschaft mit Hendrik Leander

03.05.2010 **(SSW 5+5)**

Heute hatte ich einen Kontrolltermin im Kinderwunschzentrum. Leider fand dieser bei einer Vertretungsärztin statt, mit der die Verständigung in deutscher Sprache schwierig war.

Zunächst hatte ich ihr erzählt, dass ich im Genitalbereich einen Juckreiz verspüre und den Verdacht hege, einen Vaginalpilz zu haben. Im Vorfeld des Termins hatte ich per Internet in Erfahrung gebracht, dass Derartiges in der Schwangerschaft vorkommen kann, weil sich durch die hormonelle Umstellung das Scheidenmilieu verändert. Auf meine diversen Fragen erfolgte keine nennenswerte Reaktion. Sie hat lediglich einen Abstrich gemacht und sich den Problembereich angesehen, allerdings ohne Kommentar. Jetzt habe ich "INIMUR CREME" (Wirkstoff Nifuratel) bekommen. und soll das drei Tage anwenden, obwohl in der Packung steht: zehn Tage Anwendungsdauer.

Was mich nun stark verunsichert, ist, dass in der Packungsbeilage steht, dass man diese Creme in der Schwangerschaft nur nach ausdrücklicher Indikation anwenden soll. Nun ja, ich bin nicht wirklich begeistert...

Anschließend durfte ich auf die Liege zum Ultraschall. Nachdem sie die Fruchthöhle entdeckt hat (Durchmesser ca. 11 mm), hat sie irgendetwas mir Unverständliches über den Dottersack erzählt.

Dadurch katapultierte sie mich direkt in einen Schockzustand. In meinen Ohren begann es zu rauschen, mein Herz raste, ich konnte kaum noch klar denken und wollte einfach nur wegrennen. Bei meiner letzten Schwangerschaft gab es ein Problem mit dem Dottersack. Dieser war zu groß und das deutet auf eine Fehlbildung hin. Deshalb hat es mein Baby wohl auch nicht überlebt.

Auf meine Nachfrage meinte sie dann, es sei alles in Ordnung.

Dennoch war ich verunsichert. Aber die Sprachbarriere hat weitere Nachfragen meinerseits im Keim erstickt.

Zumindest die Blutwerte waren im grünen Bereich. Das HCG ist auf 11275 gestiegen und das Progesteron auf 137, wobei letzteres nach wie vor zu niedrig ist. Daher darf ich nun zu den 4x2 vaginal Utrogest noch 2x1 oral einnehmen.

Am kommenden Montag hätte ich grundsätzlich einen Kontrolltermin. Da ich aber auf Dienstreise bin, verschiebt sich das Ganze auf den 14.05.2010 (Freitag nach Himmelfahrt). Ich hätte es zwar grundsätzlich mit größerem Aufwand einrichten können, am kommenden Montag zum Ultraschall zu erscheinen. Aber ich habe Angst: diese Untersuchungen erinnern mich sehr an meine letzte Schwangerschaft. Und wenn ich in mich hineinhorche, bin ich mir sicher, dass alles bestens ist.

Abends am selben Tag:
Ich habe im Nachgang dieses Termins mit meiner „Stamm"-Kinderwunschärztin telefoniert, weil mich der Termin bei ihrer Vertreterin so nachhaltig verunsichert hat. Dies lag ganz sicher nicht in deren Absicht. Aufgrund meiner Vorgeschichte ist es nicht schwierig, mich zu verunsichern. Und wirkliches, tiefes Vertrauen habe ich nur in „meine" Kinderwunschärztin.

41

Immerhin konnte mich meine Ärztin telefonisch beruhigen und ich habe den nächsten Termin am 17.05.2010 bei ihr. Sie hat mich persönlich eingetragen und sich sehr viel Zeit genommen am Telefon.

Kommenden Montag gehe ich nun doch zu einem Gynäkologen, allerdings zu einem mir völlig unbekannten, da ich auf einer mehrtägigen Dienstreise bin. Meine Kinderwunschärztin hat mir das so empfohlen zur Nervenberuhigung. Sie kennt meine Vorgeschichte mit der Fehlgeburt...

10.05.2010 (SW 6+5)
Mein heutiger Termin beim Gynäkologen war positiv. Ich war sehr aufgeregt vor und während des Termins und hatte unglaublich ambivalente Gefühle, kannte ich doch aufgrund meines auswärtigen Aufenthaltes weder den Arzt noch die Praxis.

Der Blick ins Telefonbuch hatte mir den nächstgelegenen Gynäkologen verraten. Meinen Lehrgangsleiter weihte ich insofern ein, als dass ich ihm von einem unverschiebbaren ärztlichen Kontrolltermin erzählte, der mich zwingt, mich kurz vom Lehrgang zu verabschieden. Glücklicherweise war ich rechtzeitig vor dem Termin losgefahren, denn die Parkplatzsuche rund um die Praxis in der rheinländischen Kleinstadt gestaltete sich sehr schwierig.

Ich saß voller Hoffnung und gleichzeitig voller Angst im Wartezimmer. Neben mir saß eine Mami mit Baby im Maxi Cosi. Und zum ersten Mal seit Jahren verspürte ich keine Trauer beim Anblick des kleinen Babys, sondern Freude und Hoffnung.

Der Arzt war ausgesprochen nett und sehr verständnisvoll. Er hat ohne große Umschweife einen Ultraschall gemacht und Überraschung - die Fruchthöhle ist mittlerweile riesig und ich habe embryonale Strukturen gesehen. Und das Wichtigste: das kleine zarte Herzchen hat schon fleißig geschlagen! Laut Arzt ist alles perfekt und zeitgerecht entwickelt. Mit einem unglaublichen Hochgefühl ging, nein schwebte ich aus der Praxis.

17.05.2010 (SSW 7+5)
Heute hatten wir endlich wieder einen Termin zum Ultraschall. Laut meiner Ärztin ist alles zeitgerecht und gut, das Baby misst 13 mm und ich wurde aus dem Kinderwunschzentrum entlassen. Mein Mann war nach dem Blick auf den Ultraschall-Monitor völlig gerührt und glücklich. Ich natürlich auch!

27.05.2010 (SSW 9+1)
Beim heutigen Ultraschall, den ich mal wieder sehnsüchtig herbeisehnte und dennoch fürchtete, maß das kleine süße Baby 2,53 cm, sah aus wie ein Gummibärchen und hat sich ganz niedlich bewegt. Ich bin einfach nur überglücklich...Mein Baby wächst und gedeiht. Und es lebt. Wird jetzt tatsächlich alles gut? Es kommt mir alles vor wie in einem wunderschönen Traum. Bitte nicht aufwachen...

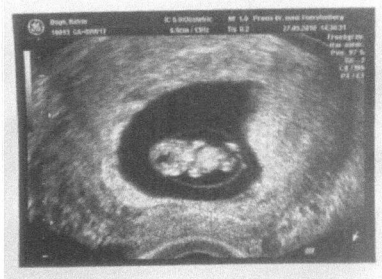

43

08.06.2010 (SSW 10+6)

Seit heute bin ich erstmals und endlich stolze Mutterpass-Besitzerin. Das hat irgendwie etwas von einem Mitgliedsausweis im absolut positiven Sinne.

Ausgestellt hat ihn meine Hebamme. Sie ist praktischerweise in der mich betreuenden gynäkologischen Praxis ansässig. Wir haben 1,5 Stunden lang alles Mögliche besprochen, das war ein richtig gutes Gespräch und hat mir sehr gutgetan. Ich fühle mich schon jetzt sehr gut betreut und bin froh, eine so gute Hebamme gefunden zu haben. Ich habe sie im Grunde gefunden, ohne zu suchen. Die Wellenlänge stimmt, das ist das A und O.

Ganz am Ende des Gespräches hab ich ihr geschildert, dass ich sehr unruhig und ängstlich bin. Sie kennt die Vorgeschichte, also den Verlauf und den unglücklichen Ausgang meiner ersten Schwangerschaft. Der Tod meines ersten Kindes wurde in der 11. Schwangerschaftswoche in derselben Praxis diagnostiziert. Der Gynäkologe hatte schon Dienstschluss, was ich bereits seit heute Morgen wusste, da ich aufgrund meiner Ängste in der Praxis angerufen hatte wegen eines kurzfristigen Ultraschall-Termins. Aber anscheinend war das mein Glückstag, denn die Hebamme hat ob meiner Panik nicht lang gezögert, das Ultraschallgerät angeschaltet und einen Ultraschall über meinen Bauch gemacht. Das war so großartig von ihr! Und ich wurde beruhigt: Das Herzchen hat geschlagen... Die "Gummibärchen"-Phase ist auch vorüber, mein Baby hat jetzt schon lange Beinchen und Ärmchen und hat fein gezappelt. Die Hebamme meinte, das sei richtig gut, daran sähe man, dass mit der Wirbelsäule alles in Ordnung ist.

Mir geht es nach diesem Ultraschall um Welten besser. Die Tage davor waren wegen meiner Angst der reinste Alptraum, ich konnte mich kaum konzentrieren... Ich hoffe, ich kann dieses positive Ultraschallerlebnis stimmungs- und ängstemäßig in die nächsten Tage hinüberretten.

14.06.2010 (SSW11+6)

Meine Hausärztin hat mich für eine Woche aus dem Verkehr gezogen. Durch meine permanente Angst, dem Baby könnte etwas passieren, ist mir alles zu viel. Ich fühle mich überhaupt nicht leistungsfähig. Das kenne ich überhaupt nicht von mir.

Bereits das gesamte Wochenende habe ich mich unglaublich matt gefühlt. Heute Morgen ging es mir zwar nicht besonders gut, aber einen Arbeitstag traute ich mir durchaus zu. Außerdem passiert gerade ganz viel Wichtiges auf Arbeit und ich möchte nichts verpassen und alles gut machen. Dieser Job ist mir sehr wichtig. Auf Arbeit dann, so gegen 7 Uhr, bekam ich starkes Nasenbluten und mein Kreislauf sackte mir fast weg. Ich war kurz vor der Ohnmacht. Die folgenden zwei Stunden war ich gezwungen, meinen Kopf in den Nacken und meine Beine hochzulegen. Leider wurde mein Zustand nicht wirklich besser, so dass man mich nach Hause geschickt hat.

Die Fahrt war der reinste Horror. Mir war schwindelig und schlecht. Ich habe kaum die 40 Minuten Autofahrt überstanden. Glücklicherweise kam ich heil zuhause an.

Nach Rücksprache mit meiner Mama habe ich meine Hausärztin aufgesucht. Diese hat zunächst ziemlich mit mir geschimpft, um mir anschließend in einfühlsamen Worten nahezubringen, dass ich mir überlegen soll, wie ich zukünftig die Prioritäten setzen möchte.

17.06.2010 (SSW 12+1)

Soeben bin ich sehr zufrieden zurückgekommen vom Ultraschall- und Vorsorgetermin. Mein Baby ist 5,5 cm groß und seiner Zeit um ein paar Tage voraus. Laut der Berechnung meines Gynäkologen vom Konzeptionstag aus bin ich heute 12+0 (obwohl ich im Internet gerechnet hatte und kam auf 12+1, aber naja, was soll's).

Laut Messung ist mein Baby bereits bei 12+6 bzw. 12+4 (er hat mehrfach gemessen). Mein Mann ist knapp 2 m groß und das Baby hat wohl seine Gene abbekommen. Sehr stolz teilte mir mein Mann (sehr zu meiner Beruhigung) auch gleich mit, er selber sei bei der Geburt ein Acht-einhalb-Pfund-Brummer gewesen!

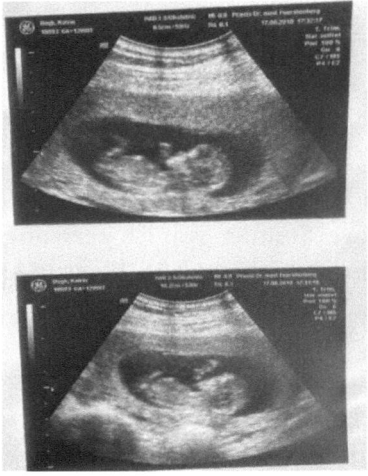

Das Baby hat sich während des Ultraschalls schön bewegt und es ist natürlich ausgesprochen niedlich.

Nach Aussage meines Gynäkologen ist (auf meine Nachfrage hin) die Nackenfalte unauffällig. Gemessen hat er sie nicht. Er meinte, er würde sehen, wenn etwas auffällig wäre. Außerdem würde ich später sowieso zur Feindiagnostik gehen. Naja, so bleibt mir eine Wahrscheinlichkeitsaussage erspart. Wir gehen davon aus, dass alles in Ordnung ist. Eine Fruchtwasserpunktion ziehen wir ohnehin nicht in Erwägung wegen des Abortrisikos. Trotzdem macht sich nach diesem Termin eine gewisse Verunsicherung in mir breit.

Der von mir ausgehend vom Punktionstag gerechnete voraussichtliche Entbindungstermin ist der 29.12.2010. Ich werde also das Weihnachtsfest kugelrund unterm Weihnachtsbaum verbringen – bevorzugt in liegender Position. Oder aber ich halte bereits mein Wunschkind im Arm. Ach, das wird einfach herrlich. Endlich wird es mal wieder ein fröhliches Weihnachten und ich verspüre nicht direkt Übelkeit, wenn im Radio „Ihr Kinderlein kommet" gespielt wird.

22.06.2010 (SSW 12+6)
Nachher gehe ich nun doch zum Erst-Trimester-Screening. Ich habe mich entschieden, mein Baby durch einen Pränataldiagnostiker ansehen zu lassen und die Nackenfalte messen zu lassen.

Zwar bin ich mir rein vom Gefühl her recht sicher, dass alles in Ordnung ist mit meinem Baby, aber ich will die heutigen Möglichkeiten der Pränataldiagnostik nutzen. Eine Art starke innere Stimme treibt mich dort hin. Da ich diese Woche dank der Krankschreibung noch Zeit habe, kann ich den Termin wahrnehmen...

Ich war nach dem letzten Ultraschall bei meinem Gynäkologen und diesem sich anschließenden diversen Gesprächen mit meinem Mann und meiner Familie verunsichert. Mein Mann und ich haben den ganzen

Untersuchungs- und Gesprächsablauf des Termins beim Gynäkologen im Anschluss noch einmal gemeinsam rekonstruiert. Ich hatte meinen Gynäkologen unmittelbar nach dem Ultraschall wegen der Nackenfaltenmessung befragt. Daraufhin schien es zunächst so, als wolle er zurück zum Ultraschallgerät, um noch einmal nachzusehen. Dann meinte er aber, es sei alles in Ordnung, ansonsten wäre ihm beim Schallen etwas aufgefallen.

Mein Mann fand das komisch und ich nun im Nachhinein auch. Mein Mann meinte, ihm sei das vorgekommen wie husch husch und fertig, ohne großes Interesse. Ich will meinem Arzt auf keinen Fall Unrecht tun, aber ich gehe jetzt eben zur Sicherheit in ein Pränatalcenter und danach bin ich (hoffentlich) beruhigt...

Meine Fehlgeburt hat mich eben doch irgendwie zum unruhigen Nervenbündel gemacht. Ich habe mir aber ganz fest vorgenommen, wenn nachher beim Screening alles in Ordnung ist, gehe ich gleich zum Kinderladen und bestelle meinen Traumkinderwagen und das Kinderzimmer bestelle ich heute Nachmittag dann auch. Und danach gebe ich Ruhe. Hoffentlich.

22.06.2010   14:39
Beim Erst-Trimester-Screening war alles bestens.

Der Professor meinte, das Baby sei perfekt und ich solle mir keinerlei Sorgen machen. Jetzt geht es mir auch bedeutend besser und ich hoffe, dass dieser Zustand nun eine Weile anhält... Das Screening an sich war wunderbar und berührend. Für solch eine Untersuchung braucht man ein supermodernes hochauflösendes Ultraschallgerät - und so eines hatte das Pränatalcenter. Die Schwangere selbst kann den Ultraschall auf einem riesigen Flachbildschirm an der Wand verfolgen.

Der Professor hat sich mein Baby ganz genau angeschaut. Die Untersuchung dauerte ca. 30 Minuten, es war also wirklich ein sehr ausführlicher Ultraschall.

Er hat unter anderem geschaut nach dem Gehirn, dem Herz, der Wirbelsäule, dem Magen, dem Darm, den Nieren und noch vielem mehr. Die Nackentransparenz betrug 1,48 mm, war also ebenfalls perfekt. Ich habe auch das Herz hören können. Die Herztöne wurden gemessen.

Mein persönliches Risiko für Trisomie 21 gemäß meinem Alter liegt bei 1:515, nach Ultraschall unter Berücksichtigung der gesamten Marker lag es nur noch bei 1:9145. Ebenso verhält es sich für das Risiko Trisomie 13/18.

Das Baby hat ganz niedliche Turnübungen gemacht. Es hat sich mit dem Popo immer von der Gebärmutterwand abgestoßen und wieder absinken lassen. Mein Baby ist also wesentlich entspannter als seine Mami...

Oh – ich bin unglaublich erleichtert und froh. Heute will ich anfangen, endlich meine Schwangerschaft zu genießen.

Aber eines steht für mich jetzt schon fest: ich bin froh und dankbar, wenn ich Ende Dezember 2010 oder Anfang Januar 2011 ein gesundes Baby im Arm halten darf. Fest steht für mich aber auch, dass ich das Glück vermutlich nicht noch einmal herausfordern werde. Zwar gehörten zu meiner Vorstellung vom Familienglück immer mindestens drei Kinder. Gegenwärtig wäre ich bereits mehr als zufrieden, wenn mit dieser Schwangerschaft alles gut ausgeht. Meine Schwangerschaft ist durch diese ständige Angst nervenaufreibender als gedacht. Ich bin wirklich froh, dass mein Baby anscheinend absolut resistent gegen Mamis Stresshormone ist...

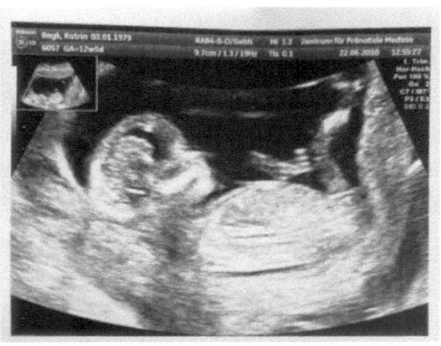

27.06.2010 (SSW 13+4)

Mir geht es wieder ganz gut. Ich gehe ab morgen entgegen ärztlichem Rat wieder auf Arbeit. Meine Ärztin hätte mich lieber weiter zu Hause gelassen, aber ein wichtiger Lehrgang steht auf dem Spiel. Ich werde jetzt noch ein bisschen durchhalten und ab September sehen wir dann weiter. Dann ist nämlich alles Wichtige geschafft und wenn es mir dann immer noch so ungut geht, dann geht mein Baby wirklich vor. Ich denke, es ist klüger, wenn ich das alles noch absolviere. Dann kann ich mich nämlich viel besser um den Nachwuchs kümmern, weil ich nicht dauernd zum Lehrgang muss...

Ich hatte in den letzten Tagen fast ununterbrochen Kopfschmerzen. Zur Linderung habe ich Cola mit einer halben Zitrone probiert. Eine halbe Stunde nach der Einnahme dieser zugegeben recht leckeren Mixtur waren die Kopfschmerzen weg... und ich fühlte mich wieder als Mensch.

Zwar habe ich ein schlechtes Gewissen wegen des Koffeins. Ich trinke seit dem Stimulationsstart keinerlei koffeinhaltige Getränke. Aber ein Glas Cola wird kaum Schaden anrichten und ist sicher um Längen besser als eine Kopfschmerztablette.

03.07.2010 (SSW 14+3)
Die Arbeit war anstrengender als vermutet. Ich bin nicht so fit wie sonst. Aber ich konnte viel erledigen und nächste Woche geht's erst einmal zum Lehrgang.

10.07.2010 (SSW 15+3)
Heute habe ich via Online-Shopping ganz bequem vom Bett aus ein Kinderzimmer für mein Baby und einen Stubenwagen gekauft. Ich konnte und wollte einfach nicht mehr länger warten mit den ersten richtigen Käufen. Ach, ich freue mich so auf mein Kind.

Der Lehrgang war erwartungsgemäß sehr anstrengend. Ich bin aber sehr froh, dass ich ihn jetzt mit Baby im Bauch absolviert habe und nicht nachholen muss, wenn mein Baby da ist. Ich befürchte, mit Kind wird es eine Herausforderung, eine Woche lang von zuhause weg zu sein. Mitten im Lehrgang sorgte dann mein Papa noch für einen großen Schock. Er hatte Herzprobleme und musste ins Krankenhaus. Das ging mir sehr nahe...

Trotz der anstrengenden Themen habe ich den Lehrgang insgesamt genossen. Ach das war schön, meinen Babybauch dabeizuhaben. Es fühlte sich alles so besonders an. Ich bin so glücklich, wenn ich diesen herrlich runden wachsenden Bauch mit so viel Leben drin nach dem Duschen eincremen kann. Abends ist das letzte, was ich mache, meinen Bauch und damit mein Baby zu streicheln. Und morgens ist der erste Handgriff ein Tasten nach dem Bauch. Ich genieße dieses

Wunder. Mein Bauch ist schon recht deutlich zu sehen. Er hat bereits solche Ausmaße angenommen, dass ich mir Umstandskleidung gekauft habe. Das war mein bisher schönstes Shoppingerlebnis – ich in der Umstandsmodenabteilung. Fast hätte ich nicht mehr daran geglaubt, dass auch ich einmal dort einkaufen darf.

Den heutigen Tag habe ich fast komplett mit Schlafen verbracht, so sehr hat mich die Lehrgangswoche geschlaucht. Derzeit ist es unglaublich heiß in Deutschland. Diese Hitze hat den Lehrgang für mich fast unerträglich werden lassen. Der Schulungsraum war nicht klimatisiert. Auch das Hotelzimmer kühlte nachts kaum ab. Ich hatte durch diese Hitze die ganze Zeit das Gefühl, als sei mein Blut dick. Ich bin heilfroh, dass ich den Lehrgang erfolgreich hinter mich gebracht habe. In schwangerem Zustand war das alles schon recht grenzwertig. Ich empfehle es nicht weiter.

Nachdem ich ausgeschlafen hatte, haben wir uns mit dem Ausräumen des Arbeitszimmers befasst. Wir wollen die Babymöbel nach deren Lieferung aufbauen und dann die restlichen Monate auslüften lassen.

Das Geschlecht meines Babys ist mir übrigens egal. Ich freue mich über eine kleine Prinzessin und ich freue mich genauso über einen kleinen Prinzen. Ich will im Dezember oder Anfang Januar einfach nur ein gesundes fittes Baby im Arm halten.

Immer noch kann ich es nicht richtig fassen, dass jetzt alles geklappt hat mit der ICSI. Im Grunde ist es ein absolutes Wunder. Vor 15 Jahren noch hätten wir kinderlos bleiben müssen…

Ein Outing am 13.7.2010, meiner nächsten Vorsorgeuntersuchung, wäre selbstverständlich trotzdem toll, dann kann ich schon mal nach passenden Babysachen schauen! Vom Gefühl her wächst in meinem Bauch ein kleiner Junge heran. Ich habe auch schon einen schönen Namen für ihn im Kopf. Dank des vielen Schlafes geht es mir heute wieder ganz gut. Die Hitze macht mir natürlich zu schaffen. Aber ich halte die Füße regelmäßig ins Planschbecken und dann geht das schon.

13.07.2010 (SSW 15+6)
Mein Baby ist tot.

14.07.2010 (SSW 16+0)
Hendrik Leander wurde am 14.07.2010 um 03:33 Uhr still geboren.

Er sah sehr niedlich und sehr friedlich aus.

Ein kleines süßes perfektes Baby.

Es ist so sinnlos.

Ich weiß nicht, wie ich das überstehen soll. Ich bin vollkommen leer.

4. Kapitel: Hendrik Leander

Alles, was mir von dir geblieben ist, sind ein paar Schwangerschaftstests, deren rosa Linien mich immer noch zu Tränen rühren. Und deine Ultraschallbilder. Und die Erinnerung an das Erst-Trimester-Screening, wo du beim Ultraschall so herrlich gemütlich in meiner Gebärmutter lagst und dich mit deinem Popo immer wieder von der Gebärmutterwand abgestoßen und dann absinken lassen hast. Das war so ein vollkommener, perfekter, anrührender Anblick. Du bist für immer in meinem Herzen.

In den Stunden, Tagen, Wochen nach Hendriks Tod saß ich teilweise mehrfach täglich in seinem halbfertigem Kinderzimmer, schaute mir den Mutterpass und die Ultraschallbilder an und schrieb mir meinen Kummer und den fürchterlichen Schmerz, der mich fast zerriss, von der Seele...

Das Schreiben und auch das Sprechen über das Erlebte haben mir geholfen, ganz langsam zu begreifen, was passiert ist. So wirklich endgültig begreifen werde ich vermutlich nie, warum mir mein geliebter Sohn genommen wurde, warum ich ihn nie wirklich kennenlernen darf.

Ich darf ihn nicht mit Liebe überschütten, ich darf nie in seine Augen schauen, ich darf nie erfahren, wer er wirklich ist, wie er ist, wie er denkt und fühlt. Ich darf nicht pusten, wenn er hingefallen ist, ich darf ihm nicht sein Lieblingsessen kochen – ich werde nicht einmal erfahren, was sein Lieblingsessen ist. Ich werde ihm nie die Welt zeigen dürfen, ihn nicht durchs Leben begleiten.

Draußen scheint die Sonne und das Leben geht einfach so weiter. Die Sonne geht auf und unter. Autos fahren die Straße runter. Nur meine Welt steht still.

Ich habe mir die letzten Stunden die Finger wundtelefoniert wegen deiner Obduktion. Auf der einen Seite zerreißt es mir zusätzlich das Herz bei der Vorstellung, dein kleines Körperchen obduzieren zu lassen. Andererseits möchte ich jede Chance nutzen, Ursachenforschung zu betreiben. Ich will wissen, warum du gestorben bist. Da ich heute Nacht dank des Internets herausgefunden habe, dass eine genetische Untersuchung bei dir angezeigt wäre, wollte ich dies noch veranlassen. Die Klinik hatte mich nicht auf diese Möglichkeit hingewiesen. Nachdem ich dann endlich eine zuständige Person in der Pathologie am Telefon hatte, stellte sich leider heraus, dass es für eine genetische Untersuchung nunmehr zu spät ist. Ich fasse es nicht.

16.07.2010
Mein Baby, ich werde dich niemals vergessen.

Gestern haben meine Mama und ich den Friedhof in Lindenau besichtigt. Dort gibt es einen Ruhegarten für „Schmetterlingskinder".

Der Ruhegarten selbst ist ein Wiesenareal von ca. 70x90 m, welches eingefasst ist von Bäumen und alten Gräbern. Ein leicht spiralförmiger Erdwall, bewachsen von einer Wildblumenwiese, die vor allem Schmetterlinge anziehen soll, führt von außen nach innen. In dessen Zentrum steht ein Brunnen - das Wasser als Sinnbild für das Leben, aus dem alle Kraft kommt. Mit wunderschönen Mosaiksteinen gestaltet, ist der Brunnen umrandet mit den Worten von Antoine de Saint- Exupèry: „Und wenn du dich getröstet hast, wirst du froh sein, mich gekannt zu haben." Im Halbkreis von drei

Bänken umgeben, lädt er zum Verweilen, Besinnen und Erinnern ein.

Am Innen- und am Außenrand der Spirale sind die Gräber angeordnet. Sie sind mit kleinen Grabplatten versehen, auf denen das Bestattungsjahr geschrieben steht. So kann jeder das Grab seines Kindes finden.

Die Gräber sind von den Eltern und Geschwistern liebevoll geschmückt, und einige Eltern treffen sich nach Absprache zur Pflege der Anlage.Farbig glasierte Wegesteine mit Schmetterlingen geleiten die Besucher bis zur Grabanlage.

Ich denke, dass du dich dort wohlfühlen wirst zwischen all den Kindern und bei den vielen bunten Windrädern und dem unaufhörlichen Klang der Windspiele.

Die letzten vier Wochen meiner Schwangerschaft mit dir waren traumhaft. Morgens bin ich aufgewacht und mein erster Gedanke des vollen Glücks galt nur dir. Abends warst du mein letzter Gedanke. Hast du das La-Le-Lu-Lied deiner Spieluhr hören können? Ganz bestimmt hast du gespürt, dass ich dich über alles liebe.

Du warst willkommener als willkommen.

Nie werde ich vergessen, wie du beim Erst-Trimester-Screening am 22.06.2010 so unglaublich entspannt in meiner Gebärmutter lagst und dich immer wieder mit deinen süßen Beinchen und deinem süßen Popo abgestoßen hast und wieder runtersinken hast lassen. Einfach herrlich und ganz der Papa.

Ich hoffe sehr, dass ich nichts falsch gemacht habe, indem ich weiter arbeiten gegangen bin. Ich wollte die ganzen

Lehrgänge absolvieren, um dann, wenn du da bist, genügend Zeit für dich zu haben.

Falls ich nochmal schwanger werde, werde ich es sicher anders machen...

Vielleicht triffst du ja im Himmel unser erstes Sternchen. Vielleicht tut ihr Zwei euch zusammen und drückt eure Däumchen, damit ich nochmal schwanger werde und ein lebendes gesundes Baby zur Welt bringe. Ich verlass mich auf euch, meine beiden geliebten Sternchen.

Nachtrag abends:
Hallo mein kleiner Hendrik Leander,
heute am späten Nachmittag hat dankenswerterweise der Professor, der dich obduziert hat, persönlich angerufen. Er hat mir erklärt, dass du kerngesund warst. Du bist gestorben, weil die Plazenta dich nicht richtig versorgt hat. Dadurch hast du zu wenig Blut und zu wenig Sauerstoff bekommen.

Der Professor war sehr menschlich und verständnisvoll. Er hat sich Zeit genommen für das Gespräch. Er hat mir damit sehr geholfen...Eigenartig, dass die Pathologen dieses Klinikums besser mit lebenden Menschen umgehen können, als die Humanmediziner.

Einschränkend muss ich aber erwähnen, dass selbstredend nicht alle Mitarbeiter der Uniklinik von fehlender Empathie gekennzeichnet sind. In meinen diversen Telefonaten mit der Uniklinik bin ich an eine Dame geraten, die mir nach einiger Zeit ihre Kinderwunschgeschichte erzählt hat. Es war eine sehr traurige Geschichte, die mir jedoch trotz ihrer Traurigkeit viel Mut gemacht hat. Aus dieser Frau sprach so viel Stärke. Und obwohl sie in Sachen Kinderwunsch nicht ihre Wünsche vom Leben erfüllt bekommen hat, führt sie ein erfülltes Leben. Diese kleinen zwischenmenschlichen Begebenheiten, diese zufälligen Berührungen von zwei Lebenswegen, das ist es doch, was einen trauernden Menschen anzurühren und zu trösten vermag.

Mein kleiner Schatz. Offenbar war es absolut unnötig und unerklärbar, dass du sterben musstest. Ich stehe vor einem Rätsel. Das Warum wird wohl für immer unbeantwortet bleiben. Wärst du unheilbar krank oder nicht lebensfähig gewesen, hätte dein Tod zumindest einen gewissen Sinn ergeben. Aber so...

18.07.2010
Guten Morgen mein kleiner Schatz, heute konnte ich schon wieder ein wenig länger schlafen. Allerdings ist das alles kein Vergleich zu dem herrlich glücklichen Schlaf, den ich mit dir in meinem Bauch hatte.

Gestern war wieder meine Mami hier. Sie hat mich wirklich mehr unterstützt, als man erwarten kann. Sie war von Dienstag (13.07.2010), dem Tag der Feststellung deines Todes, bis Donnerstag und Samstag nahezu ganztägig hier. Sie hat mir Obstsalat gemacht, mir viel Liebe gegeben und war und ist einfach nur für mich da. So wie auch meine Schwester für mich da war in den Nachtstunden der stillen Geburt und auch weiterhin für mich da ist.

Ich habe einen schönen Satz gelesen, den ich unheimlich passend fand:

Du kamst auf kleinen Füßen und hast große Spuren hinterlassen.

Mein Spatz, auch wenn das für dich jetzt vielleicht merkwürdig klingt, aber du hast mich zur Mami gemacht. Und ich bin eine echt stolze Mami!

Gerne hätte ich dich kennengelernt, dir die Welt gezeigt, dir alles mitgegeben, was du für ein glückliches zufriedenes Leben auf dieser Welt gebraucht hättest.

Dein Weg war nun ein anderer. Aber eines sollst du wissen: auch wenn du körperlich und lebendig nicht mehr unter uns weilst, so hast du doch immer einen großen Platz in meinem und unseren Herzen.

Vielleicht bist du jetzt unser kleiner Schutzengel?

Pass gut auf dich auf da oben im Sternenkinderhimmel!

Am 27.07.2010 habe ich einen Termin im Kinderwunschzentrum. Der Anruf fiel mir sehr schwer. Aber ich brauche ein Ziel, auf das ich hinarbeiten kann. Ich werde verrückt, wenn wir nicht möglichst bald mit der weiteren Behandlungsplanung beginnen.

Mit ein bisschen Glück startet im Oktober die nächste Kinderwunschbehandlung. Vielleicht trage ich noch in diesem Jahr wieder ein Baby unter meinem Herzen.

Dank der guten Pflege meiner Mami bin ich durch das allertiefste Jammertal hindurch gekommen. Ich frage sie am besten nicht, wie viele Jahre Migräne ihr diese Stunden und Tage beschert haben.

Mein Versuch der Rückkehr ins Leben bedeutet nicht, dass ich dich, mein Hendrik, weniger lieb habe oder gar verdrängen will. Es bedeutet nur, dass ich unter die Lebenden zurückkehren will und zurückkehren muss.

Dein Papa gibt sich auch Mühe, mich zu trösten. Ich glaube, ihm fällt das alles sehr schwer.

Hoffentlich hast du meine große tiefe Liebe zu dir spüren können, als du so wohlig weich gebettet warst in meinem Bauch. Ich hoffe wirklich, dass du das gespürt hast. Seit dem Tag, als du zurück in meine Gebärmutter kamst als kleiner Achtzeller, hab ich dich lieb. Das war am 10.04.2010. Etwas mehr als 3 Monate später hast du mich schon wieder verlassen müssen. Aber du sollst wissen, ich habe jeden Moment genossen.

19.07.2010
Guten Morgen mein kleiner Liebling, vor einer Woche war ich um diese Zeit auf Arbeit. Auf der Hinfahrt habe ich mit großem Glück im Herzen an dich gedacht. Vor einer Woche hatten dein Papa und ich noch ein tolles glückliches Wochenende. Wir haben das Arbeitszimmer ausgeräumt und die Vorbereitungen für dein Kinderzimmer getroffen. Nach getaner Arbeit haben wir unseren Pool aufgestellt und uns vorgestellt, wie du im nächsten Jahr darin mit uns vergnügt planschen wirst.

Und nun, eine Woche später, ist alles so vollkommen anders. Vom puren Glück in den totalen Schmerz.

Ich kann nicht richtig schlafen und auch nicht richtig essen. Ich fühle mich, als wäre meine Zukunft vorbei.

Ich hab so große Angst, dass ich nie ein eigenes lebendiges Baby im Arm halten werde...

Ehrlich gesagt denke ich bereits über Adoption nach.

Um mich herum dreht sich alles, ich kann keinen richtigen Gedanken mehr fassen. Es ist, als ob sich eine kalte Kralle um mein Herz gelegt hätte.

Immer wieder sehe ich dich vor meinem inneren Auge – du und ich beim Screening. Du warst so herrlich entspannt. Du wolltest leben. Du warst so stark. Durch ein kleines Körnchen im Getriebe musstest du viel zu früh wieder gehen. Irgendwie ist das unfassbar.

Schick mir doch ein bisschen innere Ruhe und Frieden. Damit ich wenigstens wieder schlafen kann.

Ich bin hin- und hergerissen zwischen dem riesigen Stolz, dass ich deine Mami bin, und dem riesigen Schmerz, dass du schon wieder fort musstest von dieser Welt.

Morgen werde ich dein Zimmer streichen. Im Grunde erscheint mir dieses Vorhaben eher sinnlos zu sein. Warum mache ich das eigentlich? Aktionismus? Hoffnung? Ich weiß es ehrlich gesagt auch nicht so genau. Vermutlich hoffe ich auf den Flow-Zustand beim Streichen. Mal wieder nur vor mich hinarbeiten und an gar nichts denken. Es ist grausam, wenn nichts und niemand meine um deinen Tod und den dadurch ausgelösten Schmerz kreisenden Gedanken stoppen kann.

Vielleicht hilft mir das Streichen des Kinderzimmers.

Mein Mann meint, indem wir alles herrichten, bereiten wir den Weg für ein lebendes Kind.

Hendrik, du wirst immer einen Platz hier bei uns haben.

Ich bin immer noch so tief schockiert. Als dein Papa und ich am 13.07.2010 zur Frauenärztin gegangen sind, haben wir damit gerechnet, dass uns bestätigt wird, dass du ein Junge bist. Aber stattdessen sagte die Ärztin: „ Es tut mir leid, das Baby ist tot.".

Damit hatte ich nicht gerechnet. Von Anfang an spürte ich, dass du ein Junge bist. Und dass du ein gesundes Kerlchen bist.

Es ist für mich jenseits aller Realität, dass es dich nun nicht mehr gibt. Dass du nicht mehr am Leben bist. Das ist für mich weder fassbar noch begreifbar. Ein Albtraum.

20.07.2010
Ich bin schon wieder eine ganze Weile munter und habe bereits beim Wachwerden an dich gedacht. Ich fühle mich mies. Ich habe höchstens sechs Stunden geschlafen.

Vor genau einer Woche haben sich dein Papa und ich uns Richtung Frauenarzt aufgemacht. Der Termin war ursprünglich für den Nachmittag geplant, wurde aber kurzfristig seitens der Praxis auf den Vormittag verlegt. Der Termin fand damit vor der Arbeit statt.

Wir waren voller Vorfreude, dich endlich wiederzusehen.

Nach dem üblichen Vorgeplänkel wurde ich auf die Ultraschalliege geleitet. Die Frauenärztin Frau Dr. P. hat die Praxis neu übernommen. Wir waren uns nie zuvor begegnet. Da wir die ersten Patienten an diesem Tag waren, musste sie zunächst das Ultraschallgerät einschalten. Dann legte sie mir den Ultraschallkopf auf den Bauch und die Untersuchung begann.

Sofort guckte Frau Dr. P. komisch und schallte, und vergrößerte, und schallte, und vergrößerte.

Ein eigenartiges, beklemmendes Gefühl breitete sich im Untersuchungszimmer aus.

Schließlich sagte sie: „Es tut mir leid, das Baby ist tot."

Dein Papi war tief geschockt. Ich war zu keiner Regung mehr fähig.

Ich sollte mich anziehen und wir sollten ins Nebenzimmer zum Gespräch kommen. Ich setzte mich an ihren Schreibtisch. Dein Papa blieb stehen.

Alles in mir drehte sich. Ich wollte schreien. Aber es kam nicht das kleinste Wörtchen über meine Lippen. Ich wollte erwachen aus diesem Alptraum. In meinen Ohren rauschte es. Mein Herz raste. Ich saß mit gebeugtem Rücken völlig versteinert vor ihrem Schreibtisch.

Tot.

Mein Baby ist tot.

Das darf doch nicht wahr sein. Nein nein nein. Du warst doch so hart erkämpft. Und so gewünscht. Und so gesund. So einfach still und leise gestorben, das konnte einfach nicht wahr sein.

Frau Dr. P. war sehr einfühlsam und ganz offensichtlich selbst geschockt. Sie hat mir dann gesagt, dass ich dich auf normalem Wege bekommen muss. Die entsprechende Überweisung in die Klinik hat sie uns ausgestellt und uns in der Klinik angekündigt.

Sie drang nur teilweise zu mir vor. Ich hörte ihre Worte wie durch eine Wattewand.

Wir sind anschließend im absoluten Schockzustand erst einmal nach Hause gegangen. Dein Papa musste dann leider arbeiten, er hatte unverschiebbare Termine.

Ich habe meine Mama angerufen und sie hat sich sofort auf den Weg gemacht. In der Zwischenzeit habe ich meine Schwester, meinen Papa und meinen besten Freund informiert und auf Arbeit Bescheid gesagt. Diese Anrufe haben mich meine letzte Kraft gekostet. Ich befand mich seit der Nachricht über deinen Tod plötzlich und unerwartet im absoluten Unglück.

Mama kam dann und gegen 11 Uhr waren wir in der Klinik.

Ich fühlte mich wie im falschen Film, als wir mit gepackter Kliniktasche das Parkhaus verließen und in Richtung Klinik liefen. Da lief ich nun in meinen Umstandsklamotten mit dickem Bauch. Ich hatte mich chic gemacht für den Termin beim Frauenarzt. Haare gewaschen, Leinenumstandsrock und ein schönes Umstandsoberteil angezogen. Mein Bauch war schon unübersehbar und ich trug ihn voller Stolz.

Die telefonische Anmeldung durch meine Frauenärztin, die neben ihrer Praxistätigkeit Oberärztin in der besagten Klinik ist, war offenbar im Klinikbetrieb untergegangen. Nach einer regelrechten Odyssee landeten wir schließlich auf der Gynäkologie/Onkologie. Es war einfach nur furchtbar in dieser Klinik. Ich werde später nochmal eingehend damit befassen, im Moment ist mir das noch zu viel.

21.07.2010

Mir geht es heute wieder etwas schlechter. Ich bin sehr unruhig und mein Herz rast und krampft. Es tut so weh, dass mein Baby tot ist. Außerdem habe ich Angst. Angst, nie ein eigenes lebendes Kind im Arm halten und beim Aufwachsen begleiten zu dürfen. Ich fühle mich wie gelähmt.

23.07.2010

Heute habe ich den Histologiebefund meines Sohnes bekommen. Schrecklich zu lesen. Es ist alles so unwirklich. Das muss man sich einmal vorstellen, man liest den Obduktionsbericht seines eigenen Kindes. In manchen Minuten des Tages übersteigt das alles komplett mein Vorstellungsvermögen. Laut des Histologiebefundes ist Ursache des intrauterinen Fruchttodes eine Plazentainsuffizienz. Hendrik selbst war gesund. Welch sinnloser Tod.

27.07.2010

Wir haben in der vergangenen Woche das Kinderzimmer zweimal gestrichen. Eigentlich wollte ich das alleine erledigen, hab es aber nicht hinbekommen. Meine allererste eigene Wohnung hatte ich damals selbst gemalert und das Ergebnis konnte sich sehen lassen. Im Kinderzimmer hatte ich weniger Glück. Sah alles total fleckig und unregelmäßig aus. Vermutlich fehlte mir die Kraft. So hat mein Mann eingegriffen und nun sieht alles richtig gut aus.

Passendes Laminat haben wir uns ausgesucht und gekauft. Am kommenden Freitag wird es verlegt.

Die Szene im Baumarkt war vollkommen unwirklich. Da standen wir nun, ich mit leerem Bauch und wir beide mit traurigen Herzen. Und suchten schönes Laminat aus für unser Kind, das es vielleicht niemals geben wird. Die Grenze zwischen normalem Geisteszustand und behandlungsbedürftigen Zuständen ist vermutlich haarscharf.

Gestern habe ich einen wahren Arztmarathon absolviert. Zunächst war ich im Kinderwunschzentrum, anschließend bei meiner Hausärztin und schließlich bei meiner Frauenärztin.

Meine Kinderwunschärztin war sehr betroffen über die glücklose Schwangerschaft. Wir haben lange geredet. Sie hat mich eingehend beraten zu einer möglichen Weiterbehandlung. Demnach ist ein Neustart frühestens im November 2010 möglich. Nun, anscheinend muss ich mich wohl oder übel in Geduld üben. Eigentlich dachte ich, ich hätte in den vergangenen Jahren schon genug Geduld bewiesen...

Meine Kinderwunschärztin schickt mich zum Immunologen und zur Abklärung von Gerinnungsstörungen. Sie will kein weiteres Risiko eingehen. Ich bin ihr sehr dankbar, dass sie sofort eine derartige Diagnostik einleitet. Ich habe bei ihr wie immer das gute Gefühl, dass sie genau weiß, was sie tut und dass ich mich auf ihr Urteil und ihr Wissen tausendprozentig verlassen kann. Das vermittelt mir Sicherheit.

Die Diagnostik wird eine ganze Zeit in Anspruch nehmen. Zumal ich erst Ende August bzw. Ende September Termine bekommen habe. Es muss eine bestimmte Zeit zwischen Geburt und Diagnostik vergangen sein.

Ich rede mir ein, dass diese durch die Diagnostik auferlegte Zeitspanne für irgendetwas gut sein wird. Was bleibt mir auch anderes übrig, als mich in mein Schicksal zu fügen. Ich habe keine Wahl. Dabei ist untätig sein so gar nicht meine Sache...

Meine Hausärztin hat mir auch sehr weitergeholfen. Sie hat mir eine Eigenbluttherapie zur Stärkung meines Immunsystems vorgeschlagen. Vielleicht gelingt es mir mit Hilfe der Eigenbluttherapie, meine sich seit der stillen Geburt dramatisch verschlechternde Haut in den Griff zu bekommen. Meine Kinderwunschtrauerakne meldet sich zurück... Das fehlt mir gerade noch...

Meine Frauenärztin war wieder sehr einfühlsam. Ich bin weiter krank zu Hause. Sie rettet mich. Bin vollkommen fertig und zu keiner sinnvollen Arbeit in der Lage.

Übrigens sind manche nahestehenden Personen der Meinung, dass ich nun mal so langsam wieder „normal" werden müsste. Witzig, witzig. Vermutlich fehlt denen vollkommen das Verständnis für das, was ich im Moment durchmache...

28.07.2010
Ich habe gerade wirre Gedanken, die ich kurz aufschreiben möchte. Ich frage mich, was das Schicksal, das Leben oder wie auch immer man das nennen will, mit den Katastrophen der letzten Zeit sagen will. Will ich zu sehr ein Kind? Oder will ich zu wenig ein Kind?

Im Februar 2009, nach vielen Jahren des Kinderwunsches und nach vielen Rückschlägen, verbrachte ich einen Ostseeurlaub in Warnemünde mit meiner Mama und meiner Schwester. Während unserer Zeit dort las ich die Bücher „Abschied vom Kinderwunsch" und „Ich bin eine Frau ohne Kinder". Meine Mama und meine Schwester hatten sich vermutlich eine weniger anspannende Urlaubslektüre für mich gewünscht.

So richtig überzeugt vom Abschied vom Kinderwunsch war ich zwar nie, aber mein Mann wollte zu diesem Zeitpunkt den Weg der künstlichen Befruchtung nicht gehen.

Trotz meines selbstverordneten Kinderwunschabschiedes war der Wunsch jederzeit präsent und riesengroß. Aber ich drohte nicht mehr an diesem Kummer zu ersticken.

Das Wunder passierte dann irgendwann im Juni 2009 und am 13.7.2009 hielt ich einen positiven Schwangerschaftstest in der Hand. Den ersten positiven Schwangerschaftstest in meinem Leben. Meine Mama und meine Schwester hatten am Wochenende vor diesem Test den Verdacht geäußert, ich könnte schwanger sein. Ich hatte einen ungewöhnlichen Appetit an diesem Wochenende und strahlte wohl irgendwie von innen. Ich hab beide zunächst für verrückt erklärt und das Ganze als Hirngespinst abgetan. Nachdem ich aber tatsächlich trotz eines regelmäßigen Zyklus einige Tage überfällig war, kaufte ich mir einen Schwangerschaftstest. Bislang hatte sich der Einsatz eines solchen Tests immer bestens bewährt – am Folgetag setzte die Blutung ein. Nach dem Test war ich verwirrt, glücklich und angstvoll zugleich. Ich konnte es überhaupt nicht fassen. Mein Mann und ich haben uns über alle Maßen gefreut.

Das Glück hielt nur sehr kurz. Am 18.08.2009 wurde bei einer Vorsorgeuntersuchung festgestellt, dass das Herzchen meines Babys nicht mehr schlägt. Die Ausschabung wurde am Folgetag vorgenommen. Ein Jammertal schloss sich an. Meinen Urlaub zwischen meinem alten gekündigten Job und meiner neuen Tätigkeit verbrachte ich damit, mich von der

Ausschabung und den psychischen Folgen der Fehlgeburt zu erholen.

Mein Kinderwunsch war nach dieser Schwangerschaft stärker als je zuvor. Aber zunächst musste ich mich wieder in Geduld üben. Der neue Job wollte erfolgreich angetreten werden und die Krankenkasse zu einer Kostenübernahme für die Kinderwunschbehandlung bewegt werden.

Während der Schwangerschaft mit dir, mein kleiner Hendrik, hatte ich großen emotionalen Stress. Ich war hin- und hergerissen zwischen dem Gefühl, unbedingt kürzer treten zu wollen und meinem Pflichtgefühl meinem Arbeitgeber gegenüber.

Hätte ich auf meine körperlichen Warnhinweise und den Rat meiner Hausärztin hören sollen und beruflich kürzer treten sollen? Wenn ich ehrlich bin, waren die Signale meines Körpers – deine Signale? - eindeutig. Aber ich wollte stark sein. Ich habe von so vielen Menschen nach meiner kurzen Krankschreibung auf meine Andeutungen zu den Ratschlägen meiner Hausärztin zur Antwort bekommen, dass die Frauen früher ihre Kinder bei der Arbeit auf dem Feld zur Welt gebracht hätten, um anschließend direkt weiterzuarbeiten. Eine Schwangerschaft sei schließlich keine Krankheit. Eine Fehleinschätzung?

Heute bereue ich es zutiefst, dass ich unbedingt stark sein wollte. Ich frage mich, ob du noch leben könntest, wenn ich mir den Ratschlag meiner Hausärztin angenommen hätte. Diese Frage zermürbt mich.

03.08.2010

71

Es ist 01:48 Uhr nachts und ich kann einfach nicht schlafen. Ich vermisse mein Kind. Es ist einfach nur grausam, schrecklich und vollkommen sinnlos, dass er nicht mehr lebt.

05.08.2010
Meine Schwester riet mir, zu einem Verhaltenstherapeuten zu gehen. Allerdings habe ich keinerlei Bedürfnis, derzeit irgendetwas zu ändern. Ständig soll ich wieder neue Kraft investieren. Meine Fehlgeburt letztes Jahr habe ich auch irgendwann verkraftet und wieder einen neuen Versuch gestartet.

Soeben hat Mama angerufen. Sie käme am Sonntag vorbei. Das war nicht als Frage formuliert, sondern eher als Ansage. Sie macht sich ganz sicher Sorgen...

Ich werde das trotzdem wieder absagen. Ich will im Moment einfach niemanden sehen...

Mir geht es einfach nur schlecht.

Ich schaffe es nicht, arbeiten zu gehen. Ich will das alles nicht mehr. Ich will eigentlich gar nichts mehr. Ich sitze in einem sehr großen, sehr schwarzen Loch.

Kürzlich rief mein Vater an und fragte, ob wir in den Zoo gehen wollen. Ich wollte nicht, weil mir dort einfach zu viele glückliche Familien sind. Da meinte er, ich müsse doch nun langsam wieder normal werden. Darüber kann ich wirklich nicht lachen.

Ich fühle mich wie ein Hamster im Laufrad. Es scheint, als würde ich rennen und rennen und es wird alles immer noch schlimmer.

Es ist auch irgendwie egal, wer was zu mir sagt. Es verletzt mich immer. Ich will nicht mehr nur den anderen beim Leben zusehen und ich sitze auf der Wartebank.

Jüngst riet mir ein Bekannter, ich solle mir doch einfach ein Hobby suchen. Ergänzend führte er dann aus, dass es schon seinen Sinn habe, wenn zwei Menschen miteinander keinen Nachwuchs bekommen. Das müsse man dann halt akzeptieren und gut. Derlei Aussagen sind immer alles andere als hilfreich und aufbauend... Zukünftig werde ich mich hüten, meine Mitmenschen mit derlei Floskeln zu überhäufen. Manchmal ist Zuhören und Schweigen Gold.

Im Moment kann ich mich ohnehin zu rein gar nichts aufraffen. Jegliche Kraft ist aus mir gewichen. Ich habe das Vertrauen verloren. In mein positives Schicksal. In das Leben an sich. In die Natur. In die Menschen. In Alles.

06.08.2012
Heute habe ich mir überlegt, zu versuchen, auch die positiven Dinge am Leben zu sehen. Vielleicht ist es doch eine Frage der Sichtweise, wie meine Schwester mir kürzlich zu erklären versucht hat (und sich vermutlich für diese Frechheit allerlei Schmähungen hat anhören müssen...).

Zum Nachdenken gebracht hat mich unter anderem ein Bericht über eine Frau, die bei einem Unfall Mann, Sohn und Tochter verloren hat. Sie hat dazu ein Buch geschrieben, welches ich quasi inhaliert habe. Sie geht auf bewundernswerte und sehr berührende Weise mit dem Verlust ihrer Familie um. In und zwischen ihren Zeilen ist so viel Stärke. Sie hat es geschafft, mich endlich wieder gedanklich zu fesseln und zum Nachdenken anzuregen. Dieses Buch hat mir eine Brücke gebaut zu dem Leben zugewandten Gedankengängen und zu weiterer Literatur.

Auf meinem Nachttisch liegen derzeit einige Bücher über glücklose Schwangerschaften, die mir sehr weiterhelfen. Ich verschlinge diese Bücher; und während ich lese, erholt sich mein Gehirn endlich ein wenig von dem Schmerz, den Hendriks Tod in mir auslöste.

Ich bin auf dem Weg...

Ich weiß jetzt, dass ich das alles bewältigen will. Ich will leben und irgendwann auch wieder lachen. Und meinen Hendrik in liebender Erinnerung immer im Herzen tragen. Ich will und werde an seinem Tod nicht kaputt gehen. Irgendwas kommt da noch in meinem Leben. Und es wird nicht nur negativ sein.

09.08.2010
Heute habe ich darüber nachgedacht, dass ich bei aller Traurigkeit auch großes Glück habe, denn ich habe einige sehr wertvolle Menschen um mich, die mich stützen und durch diese dunkle Zeit geleiten und begleiten.

So habe ich in meinem ganzen Unglück doch auch eine Menge Glück.

11.08.2010
Heute kommen die Kinderzimmermöbel. Ich fühle mich wie in einem falschen Film. Vielleicht ist es ja doch ein ganz fürchterlich böser Traum. Bestimmt wache ich morgen auf, fasse mir als erstes an meinen runden Bauch, spüre meinen Sohn strampeln und alles ist gut.

13.08.2010
Kurz nach Hendriks Tod habe ich eine Rund-Email mit meinen Gedanken zu diesem tragischen Verlust verfasst und an einige Freunde bzw. nahestehende Personen verschickt.

Vermutlich habe ich mir davon eine gewisse Erleichterung erwartet und auf ein paar aufmunternde, zugewandte Worte gehofft. Ich habe nicht eine einzige Rückmeldung erhalten.

Bestimmt ist es für Menschen, die so etwas nicht erlebt haben, schwierig, passende Worte zu finden. Aber dass es möglich ist, dass Menschen gar keine Worte finden, das hat mich dann doch überrascht.

Vermutlich war es keine gute Idee von mir, eine derartige Email zu verfassen und durch diese Email diese Menschen an meinen Seelenqualen teilhaben zu lassen. Wie sagt man so schön – hinterher ist man immer schlauer...

Durch die fehlenden Rückmeldungen fühle ich mich allerdings ein bisschen nackt.

24.08.2010
Die letzten Tage haben meine Schwester, mein Mann und ich damit verbracht, die Kinderzimmermöbel aufzubauen. Wir haben sogar das ein oder andere Mal miteinander gelacht. Das Kinderzimmer sieht jetzt insgesamt wunderschön aus.

Letzte Woche waren wir in Großfamilie im Urlaub an der Ostsee. Wir haben versucht, einen schönen Urlaub zu haben trotz der schlimmen Zeit, in der wir uns gerade befinden. Es kam mir alles immer dann, wenn ich im Urlaub Schwangere gesehen habe, vor wie ein sehr schlechter Traum. Schon im letzten Sommer verbrachte ich mit meiner Mama und meiner Schwester eine Woche in Zingst nach der Fehlgeburt. Zwei beschissene Sommer in Folge...

Ich habe so oft an meinen kleinen Hendrik gedacht. Ich verstehe es bis heute nicht und werde es nie verstehen, warum dieser kleine Schatz einfach gestorben ist.

Mein Baby - ich hätte dich so gerne kennengelernt. Ich hab mich doch so auf dich gefreut.

Was war deine Aufgabe hier? Ich sehe den Sinn nicht. Außer, dass ich den Schock meines Lebens erlitten habe und auch die Traurigkeit meines Lebens, kann ich nichts Sinnvolles in deinem Tod erkennen. Was will das Schicksal mir mit diesem schlimmen Schmerz sagen? Ich vermisse dich so sehr, mein kleiner Schatz!

26.08.2010

Meine Gynäkologin hat mit mir bei den letzten Terminen intensive Gespräche geführt. Für mich ist es unfassbar, mit welcher Zugewandtheit und Herzlichkeit sie einen sehr großen Teil dazu beigetragen hat, dass ich beginne, aus meinem tiefen Loch herauszukrabbeln. Sie gehört zum Kreis der Personen, die mich durch ihre Anteilnahme überhaupt erst animiert haben, darüber nachzudenken, mein schwarzes Loch zu verlassen. Sie hat mich außerdem ermutigt, die nicht sehr glücklichen Begleitumstände rund um Hendriks Geburt in einem Brief an die Klinikleitung zu formulieren.

Auf der einen Seite fielen mir die Auseinandersetzung mit dem Erlebten und die schriftliche Niederlegung unglaublich schwer. Andererseits hat diese intensive Befassung mit dem Thema bewirkt, dass eine Art Verarbeitung bei mir eingesetzt hat. Dadurch, dass sie mich so darin bestärkt hat, diesen Brief zu schreiben, hat sie mir sehr geholfen.

Leipzig, den 26.08.2010

Meine Behandlung in Ihrem Hause im Zeitraum 13.07.2010 bis 14.07.2010 wegen intrauterinen Fruchttodes

Sehr geehrte Herr Prof. Dr. ...,

Am 13.07.2010 haben wir im Rahmen einer normalen Vorsorgeuntersuchung bei Frau Dr. P. Ende der 16. Schwangerschaftswoche erfahren, dass unser Baby nicht mehr lebt.

Frau Dr. P. klärte meinen Mann und mich über die nun anstehende Geburt auf und schlug uns vor, alles Notwendige in der Ihrer Klinik vornehmen zu lassen. Wir waren damit einverstanden, so dass Frau Dr. P. uns in Ihrem Haus anmeldete und alles Nötige veranlasste, damit wir dort von einem bereits informierten Team in Empfang genommen werden konnten.

Bis zu diesem Zeitpunkt wurde alles Menschenmögliche getan, damit uns dieser schwere Gang so leicht wie nur möglich gemacht wird. Sicher muss ich nicht erwähnen, dass es so ziemlich das Schlimmste ist, was einem Menschen widerfahren kann, wenn das jahrelang herbeigesehnte und gewünschte Kind nicht mehr lebt. Diese Entwicklung traf uns völlig unvorhergesehen, weil unser Kind absolut gesund und fit war. Bis es starb.

Ich begab mich sodann gemeinsam mit meiner Mama in Ihre Klinik. Dies war so gegen 10 Uhr. Am Empfang im Erdgeschoss war die dort beschäftigte Mitarbeiterin bereits offenbar überfordert mit der Angelegenheit. Zunächst fand sie nicht ein verbindliches Wort, nachdem wir sie über die Ursache unseres Kommens informiert hatten. Vielmehr herrschte betretenes Schweigen. Wir haben ihr erklärt, dass wir von Frau Dr. P. angemeldet worden seien

77

bzw. dass man auf Station über unser Kommen informiert sei und dort bereits auf uns gewartet würde. Dies wurde jedoch ignoriert.

Wir sollten uns dann im 2. Stock in der Anmeldung melden. Dort wusste man jedoch nichts mit uns anzufangen, jedoch kümmerten sich die Schwestern zügig um die Angelegenheit. Sodann sollten wir uns auf der Onkologie/Gynäkologie melden.

Dort kamen wir ca. gegen 11 Uhr an (so viel Zeit hatte uns die vorangegangene Odyssee gekostet, was bei meinem psychischen Zustand schon eine Herausforderung war…).

Die Damen am Empfang waren uns offenbar nicht sehr freundlich gesonnen; wir sollten zunächst Platz nehmen.

Irgendwann - nach längerer Zeit - wurde uns mitgeteilt, dass wir noch gar nicht angemeldet wären. Wir sollten uns deshalb ein weiteres Mal an den Empfang begeben.

Ich erklärte erneut, dass wir von Frau Dr. P. bereits angemeldet worden wären, wir uns im Erdgeschoss angemeldet haben und nun über die Station in der 2. Etage hierher geschickt worden seien. Ferner fragte ich nach, ob unter diesen Umständen eine Ummeldung möglich wäre, ohne dass wir uns nochmal in das Erdgeschoss begeben müssten.

Gegen großen Widerstand der Schwestern wurde unserer Bitte nach einer weiteren Stunde nachgekommen.

Zwischenzeitlich war die Mittagszeit verstrichen. Nach wie vor passierte nichts. Ich habe von diesem Zeitpunkt an im Halbstundenrhythmus das weitere Prozedere nachgefragt. Eine befriedigende Antwort bekam ich jedoch nicht. Vielmehr wurde mir durch die Reaktionen der Schwestern auf meine Fragen mehrfach verdeutlicht, wie ungemein lästig ich ihnen bin.

Irgendwann nahm sich unserer eine Schwester an und bat uns hinter den Empfangstresen. Dort telefonierte sie zunächst und verdeutlichte uns einmal mehr, wie lästig und unwichtig wir ihr sind. Schließlich wandte sie sich an mich und fragte mich recht herablassend, ob ich denn schon bei einer Beratungsstelle wegen des Schwangerschaftsabbruches gewesen sei. Ich antwortete, dass dies nicht nötig ist, da mein Baby in meinem Bauch gestorben sei und ich mich ganz sicher nicht freiwillig hier befinde. Daraufhin meinte sie schnippisch, woher sie das denn wissen solle. Ich antwortete ihr, dass das aus dem Überweisungsschein ersichtlich sei, denn dort stand deutlich sichtbar: Missed Abort.

Am frühen Nachmittag kam schließlich eine junge Ärztin, welche mich befragte und mir grob das weitere Vorgehen erläuterte. Ich bat sie um eine weitere Ultraschalluntersuchung. Ich erhielt zunächst zur Antwort, dass das nicht üblich sei, schließlich habe Frau Dr. P. den Tod festgestellt und diese würde sich nicht irren. Ich erläuterte, dass ich am Urteil von Frau Dr. P. auch keinerlei Zweifel habe. Jedoch war ich vollkommen im Schock, als der Tod meines Kindes festgestellt wurde und ich brauche das für mich, dass ich es nochmal sehe und es nochmal bestätigt wird.

Am Nachmittag fand nach langer Wartezeit schließlich die Ultraschalluntersuchung statt. Offenbar hat sich die junge Ärztin gegen Widerstände durchsetzen müssen. Dies hat sie uns zwar nicht gesagt, jedoch hat man es am ganzen Drumherum gemerkt. So kam zum Beispiel eine Ärztin aus dem Nachbarzimmer herein und schrie die junge Assistenzärztin an, was das solle, draußen würden Leute warten auf den Ultraschall, das ginge jetzt alles gar nicht und verließ alsdann mit lautem Türenknallen das Untersuchungszimmer. Es war unglaublich und wir waren wie vom Donner gerührt. So ein unmögliches Verhalten, vor allem in unserer Situation. Glücklicherweise nahm die junge Ärztin dann den Ultraschall trotzdem vor, wofür wir ihr sehr dankbar sind. Sie hätte es sicher einfacher gehabt, wenn sie klein beigegeben hätte...

Nichtsdestotrotz war immer noch nicht klar, wie es denn nun genau weitergeht. Es war mittlerweile später Nachmittag, ich hatte seit Mittag nichts mehr trinken dürfen wegen der eventuell anstehenden Narkose. Und ich hatte auch lediglich etwas Kleines gefrühstückt. Man muss dazu sagen, dass der 13.07.2010 einer der sehr heißen Sommertage mit über 30 Grad war.

In der Zwischenzeit bekam ich eine Rasur im Intimbereich. Die Schwester bat mich hierzu in eine Art Vorbereitungsraum, der mit einer Liege, einem Waschbecken und einem Spiegel ausgestattet war. Der Kopfbereich der Liege ist rechts von der Tür, die Beine zeigen in Richtung Tür. Liegt man während der Rasur auf der Liege, ist der Intimbereich auch von vorbeilaufenden Menschen von der Tür aus gut einsehbar, wenn die Tür geöffnet ist. Üblicherweise würde man davon ausgehen, dass in einer derart intimen Situation die Tür geschlossen und auch verschlossen bleibt. Jedoch nicht in Ihrer Klinik. Während mich also eine Schwester rasierte, schaute eine andere in der geöffneten Tür lehnend herein und erzählte irgendetwas Belangloses. Sie blickte mir immer wieder interessiert geradewegs in meinen Intimbereich. Wirklich nett. Ich hatte zu diesem Zeitpunkt schon keine Energie mehr, mich zu wehren. Ich ließ es einfach nur kraftlos über mich ergehen.

Endlich, irgendwann gegen 17 Uhr, kam der Anästhesist. Besonders freundlich war er nicht. Das überraschte zu diesem Zeitpunkt jedoch selbst mich nicht mehr. Er hat zunächst nicht mich begrüßt, obwohl ich auf dem Bett saß und damit eigentlich klar war, wer hier die Patientin war. Vielmehr ging er sofort auf meine Mutter los und fragte in scharfem Ton, wer sie denn wäre. Daraufhin verließ meine Mutter das Zimmer. Ich hätte sie gerne dabei gehabt. Meine Mama ist selbst Ärztin und hätte mir sicher das eine oder andere noch etwas ausführlicher erläutern können.

Wirklich verstanden habe ich die Ausführungen des Anästhesisten nicht. Hängengeblieben ist nur, dass ich mich auch noch später zwischen Selber dosieren der Schmerzmittel und Spinalanästhesie entscheiden könne. Gefragt wurde ich „später" jedoch nicht nochmal. Jedenfalls war dieser Kontakt mit dem Anästhesisten Voraussetzung dafür, dass ich nun endlich gegen 17 Uhr (!!!!!!) das Zäpfchen zur Einleitung des Geburtsvorganges bekam. Eigentlich eine Frechheit…

Als äußerst unschön empfand ich auch, dass ein Einzelzimmer für mich nicht möglich war, obwohl ich ausdrücklich darum bat. Vielmehr interessierte nur, ob ich in meinem Vertrag eine Chefarztbehandlung inkludiert hätte. Dazu habe ich nur gesagt, dass ein Chefarzt für das, was ich vor mir hätte, wohl nicht nötig wäre und dass mir ein Einzelzimmer lieber wäre.

Letzteres ist für Menschen in meiner Situation aus meiner Sicht das Mindeste, was man tun kann. Es ist zusätzlich belastend, wenn man in einer solchen Situation mit fremden Menschen das Zimmer teilen muss.

Ich hätte Ruhe und Fürsorge und ab und an ein liebes Wort gebraucht. Alles das, was eigentlich eine Selbstverständlichkeit sein sollte, wurde mir verwehrt.

Ich wünsche niemandem der beteiligten Ärzte und Schwestern, dass sie jemals in meine Situation kommen und sich dann in Ihrem Haus wiederfinden. Wenn das eigene Kind im Bauch stirbt ist das ein Trauma für sich. Wenn man aber eine derartige Behandlung wie in Ihrer Klinik erfährt, dann braucht man Monate, bis man sich von dieser das Trauma extrem verstärkenden Behandlung erholt.

Aus nicht nachvollziehbaren Gründen war den Schwestern die abwechselnde Anwesenheit meiner Mutter und meiner Schwester ein Dorn im Auge. Die beiden wachten an meinem Bett, versorgten mich und kümmerten sich um mich – psychisch und physisch. Eigentlich wäre all dies Aufgabe der Schwestern gewesen. Sie übernahmen nichts von alledem, nicht einmal ansatzweise.

Von den Zäpfchen bekam ich recht bald hohes Fieber. Ich fror trotz der Hitze unerträglich. Außer den stündlichen Messungen fühlte sich jedoch niemand berufen, sich Gedanken darüber zu machen. Meine Schwester besorgte sich schließlich für mich eine dünne Decke, damit das Fieber nicht noch stieg, ich mich jedoch trotzdem zudecken konnte. Sie wurde jedoch zunächst weggeschickt von den Schwestern, da diese gerade in trauter Runde zusammensaßen. Keine hatte Zeit für das Ansinnen meiner Schwester, obwohl eine der Schwestern von selbst auf diese Idee hätte kommen müssen. Schließlich werden sie ja wohl dafür bezahlt, dass sie sich um die Patienten kümmern.

Man fragt sich, warum auf der Station überall Flyer mit Selbsthilfegruppen hängen. Die Hilfe zur Selbsthilfe und die Menschlichkeit müssten doch im Krankenhaus anfangen. Schließlich handelt es sich dort um die Krebsstation. Gerade diese Menschen bedürfen doch der besonderen Fürsorge und Menschlichkeit. Aber diese Menschen sind umgeben von größtenteils desinteressierten und nassforschen Schwestern. Schlimm.

Meine Schmerzen wurden schlimmer, um geeignete schmerzlindernde Medikamente musste ich jedoch regelrecht betteln. Eine Spritze bekam ich in den Oberschenkel. Dort habe ich heute,
6 Wochen später, immer noch Schmerzen.

So vergingen die Stunden.

Gegen späten Abend wurde mir dann durch die diensthabende Ärztin in besagtem Doppelzimmer in Anwesenheit der anderen Patientin die Fruchtblase aufgeschnitten.

Später wurde ich in den Bereich der Entbindungsstation gebracht. Die dortige Hebamme C. und die Hebammenschülerin M. kümmerten sich nunmehr liebevoll um mich. Hier gibt es ausschließlich Gutes zu berichten und deren Fürsorge ist besonders lobend hervorzuheben.

Nach der Geburt meines Sohnes Hendrik Leander am 14.07.2010 um 03.33 Uhr wurde ich zur Ausschabung gebracht. Immer noch stark frierend durch Fieber und Erschöpfung musste ich mir mit anhören, dass die offenbar übermüdete Ärztin, die die Ausschabung vornehmen sollte, sich über die kalten Temperaturen im Operationssaal freute (Klimaanlage), draußen wäre es ja so heiß.

Nun, im Gegensatz zu den anderen Anwesenden war ich halb nackt, fiebrig und völlig erschöpft. Bei mir löste die Kälte des Raumes und auch der anwesenden Personen keine Freude aus. Die Anwesenden wussten doch, was gerade passiert war, dass ich gerade mein totes Kind zur Welt gebracht hatte. Und das waren alles Frauen. Warum ist es nicht möglich, ein kleines bisschen Menschlichkeit an den Tag zu legen, ein kleines liebes Wort zu sprechen, eine kleine Geste des Mitgefühls zu zeigen? Immerhin befand ich mich in einer deutschen Klinik, die Ärzte und Schwestern sprechen meine Sprache. Ich kam mir jedoch vor wie in einem rumänischen Schlachthaus. Husch husch, keine Fragen stellen, kein liebes Wort, fertig. Schlimm.

Anschließend nach dem Aufwachen durfte ich mein Kind sehen. Diese Begegnung wurde durch die Hebamme sehr lieb begleitet.

Morgens habe ich dann die Schwester gefragt, ob ich frühstücken dürfe. Die Antwort war ein harsches „Jetzt nicht."

Selbstverständlich hat mich niemand gefragt, wie es mir geht, oder ob er etwas für mich tun könne. Der Patient, das lästige Wesen…

Bei der Visite fragte ich die Ärztin, wann ich entlassen werde. Sie antwortete, ebenfalls im harschen und unfreundlichen Ton: „Wir haben hier auch nur zwei Hände, Sie sind nicht die einzige Patientin hier." Meine eigentliche Frage blieb unbeantwortet.

Ich wurde im Laufe des Vormittags des 14.07.2010 entlassen.

Zu Hause stellte ich fest, dass auf dem Aufnahmebeleg (für den Arbeitgeber) das Entlassungsdatum fehlte. Auf meinem Anruf hin wurde mir mitgeteilt, dass ich selbst daran schuld sei, weil ich das Schreiben bei der Entlassung dem Arzt hätte vorlegen müssen. Dieser Ablauf war mir nicht bekannt und mich hatte auch niemand darauf hingewiesen.

Bei meinem Anruf in der Pathologie stellte ich fest, dass eine genetische Untersuchung meines Sohnes nicht mehr möglich war, da er bereits in Formalin eingelegt worden war. Ich hätte vorab eine genetische Untersuchung in Auftrag geben müssen. Leider war ich auch hierauf nicht hingewiesen worden.

Es war meine zweite Fehlgeburt (die erste Fehlgeburt war vor einem Jahr in der elften Schwangerschaftswoche, der Embryo hatte einen vergrößerten Dottersack und bei 10+4 war kein Herzschlag mehr ersichtlich).

Mein am 14.07.2010 geborener Sohn wies zwar laut Obduktion und auch laut Erst-Trimester-Screening (Prof. F) keinerlei Auffälligkeiten auf, jedoch hätte lediglich eine genetische Untersuchung endgültige Klarheit bringen können.

Auch im Hinblick auf unser Angewiesen sein auf eine ICSI und die Vorgeschichte (das alles hatte ich den Ärzten der Uniklinik erläutert), wäre ein Hinweis auf die genetische Untersuchung zu erwarten gewesen.

<u>*Zusammenfassend ist Folgendes festzuhalten:*</u>

Wir wussten in diesen ganzen Stunden seit unserem Eintreffen im Krankenhaus zu keinem Zeitpunkt, wie es konkret weitergeht. Wir wussten nicht, darf ich etwas essen oder trinken, soll ich mich umziehen, etc. Wir waren erfüllt von einem Gefühl der Ohnmacht und der absoluten Hilflosigkeit. Wir fühlten uns völlig alleingelassen. Alles schien nur auf Nachfrage zu erfolgen, aber auch dann noch äußerst widerwillig. Wir mussten uns Dinge anhören wie „Sowas wie Sie haben wir hier öfter, andere warten noch viel länger." Meine Mama ist zweimal mit der Bitte um Schmerzmittel für mich an die Schwestern herangetreten. Jedes Mal wurde sie zunächst ignoriert und an ihr vorbeigeschaut. Ihr wurde deutlichst vermittelt, wie lästig sie den Schwestern war. Makaber war der Hinweis der Ärztin bei der Entlassung, dass mir die Uniklinik im Nachgang gern zur Verfügung stünde, sollten Fragen auftreten oder ich Probleme jedweder Art haben. Ein solches Angebot nach fast 24 Stunden des absoluten Alleingelassenwerdens und der absoluten Hilflosigkeit erschien mir wie der blanke Hohn.

Positiv hervorzuheben ist zum einen die Schwesternschülerin, die stündlich zum Blutdruckmessen und Fiebermessen kam. Sie hatte stets ein freundliches Wort, versuchte mich aufzuheitern und war sehr um mich bemüht. Zum anderen sind besonders positiv hervorzuheben die Hebamme C. und die Hebammenschülerin M. Ich bin sehr dankbar für die Begleitung durch diese Menschen und dafür, dass sie mich ermutigt haben, meinen Sohn zu sehen und von ihm Abschied zu nehmen. Das hat mir sehr geholfen.

Ich empfehle Ihrer Belegschaft die <u>Lektüre des Buches „Gute Hoffnung – jähes Ende" von Hannah Lothrop</u>. Dieses kann man gebraucht erwerben bei Amazon ab 6,83 Euro. Der zweite Teil *dieses Buches ist gerichtet an diejenigen, die die Schwangere begleiten, also Fachleute, Familie, Freunde. Hilfreich wäre auch, den Patientinnen mit Respekt und Feinfühligkeit zu begegnen, sie ein Stück in ihrer Trauer zu begleiten. <u>Die entsprechenden Seiten des Buches, welche sich mit der Betreuung in der Klinik befassen, habe ich Ihnen kopiert und füge sie in Anlage bei.</u>*

Mein Wunsch ist es, dass es den Frauen, die wie ich ihr Kind auf eine solche Art verlieren, besser ergeht als mir. Es ist doch nur ein kleines bisschen Menschlichkeit, Fürsorge und Empathie erforderlich. Es kostet kein Geld, sondern nur ein kleines Umdenken.

Sollten Sie Fragen haben oder an einem persönlichen Gespräch interessiert sein, stehe ich Ihnen jederzeit gern zur Verfügung.

Mit freundlichen Grüßen

Anlage:
Auszug aus Hannah Lothrop – Gute Hoffnung – jähes Ende
3. Auflage 1993
S. 183 bis 201

09.09.2010

Mir geht gerade so viel im Kopf herum. Ich weiß gar nicht, wo ich anfangen soll...

In drei Tagen gehe ich wieder arbeiten. Wirklich große Lust habe ich im Moment keine. Ich kann mir so gar nicht recht vorstellen, lächelnd und voller Power meiner Arbeit nachzugehen. Ich fühle mich so leer und kraftlos. Und ich habe Angst. Angst vor der ersten Fahrt in mein Amt. Denn diese erste Fahrt wird mich an die letzte Fahrt zur Arbeit erinnern. Bei der letzten Fahrt ins Amt hatte ich meine Hand auf meinem Babybauch und war glücklich.

Ich fürchte mich vor meinen Gefühlen nach der Rückkehr in die Realität des Arbeitslebens. Ich zeige ungern öffentlich meine Gefühle. Und ich vermute, es wird mich viel Beherrschung kosten, die vielen ersten Male „nach Hendrik" zu absolvieren. Ich werde in nächster Zeit oft an Orte zurückkehren, an denen ich eine glückliche Zeit mit Hendrik in meinem Bauch verbrachte. Ich war so glücklich mit meinem Wunschkind im Bauch.

Jetzt ist alles Glück gestorben und ich fühle mich einfach nur leer.

Mir bleibt keine andere Wahl, als genau jetzt alle Kraft zu bündeln und wieder durchzustarten. Meine Vorgesetzten waren erstaunlich lange geduldig. Mir wurde mehrfach vermittelt, dass ich alle Zeit der Welt habe, mich von diesem Schicksalsschlag zu erholen. Ich habe einige Male liebe Zeilen von den Kollegen erhalten. Aber mir ist bewusst, dass auch die größte Geduld einmal ein Ende haben wird.

Glücklicherweise bin ich, zumindest was den Kinderwunsch betrifft, derzeit vollkommen ruhig und gelassen. Mein Mann hat sofort nach der Feststellung von Hendriks Tod auf dem Heimweg zu mir gesagt, dass dies nicht das Ende sei, sondern wir es definitiv weiter versuchen. Er ist davon überzeugt, dass wir Eltern eines lebenden Kindes werden. Das macht mir Mut.

Zum anderen ist für mich dadurch, dass es meinen kleinen Hendrik gibt, der Druck weg. Denn ich bin jetzt Mama. Ich habe ein Kind – meinen kleinen Hendrik. Ich fühle mich nicht mehr wie gehetzt und auf der Flucht.

09.10.2010
Ich denke immer noch täglich an meinen kleinen geliebten Hendrik Leander.

Die letzten Wochen sind wie im Flug vergangen. Die Tage waren ausgefüllt und arbeitsreich sowie voller neuer Eindrücke. Tagsüber war ich daher gut abgelenkt von der größten Katastrophe meines Lebens. Die Mittagspausen habe ich immer mit Kollegen verbracht, so dass ich keinerlei Gelegenheit zum Grübeln hatte. Lediglich die täglichen langen Autofahrten boten Raum für mein Gedankenkarussell. Gern hätte ich in diesen Momenten wieder zur Zigarette gegriffen. Selbstverständlich habe ich von einem Nikotinrückfall Abstand genommen – das fehlte mir gerade noch... Ein Wermutstropfen waren die regelmäßigen Erzählungen der Kollegen von ihren Kindern. Ich habe stets fein dazu gelächelt.

Natürlich gebe ich auf Arbeit mein Bestes. Aber ich fühle mich manchmal wie im falschen Film. Mein Bauch sollte eigentlich jetzt immer dicker werden. Stattdessen wachsen meine Pickel.

Die Ursachenforschung bezüglich des Todes von Hendrik ist nun abgeschlossen. Wir haben die Zwischenzeit bis zum nächsten Kinderwunschversuch genutzt und meine Gerinnung sowie die Immunologie checken lassen. Schließlich wollen wir jede Wiederholung vermeiden. Meine Gerinnung ist in Ordnung, die Immunologie eigentlich auch, wobei die Werte insgesamt so waren, dass ich während der nächsten Schwangerschaft Cortison nehmen soll. Auch wird im Falle einer erneuten Schwangerschaft sofort nochmals die Gerinnung überprüft, da sich diese wohl durch eine Schwangerschaft plötzlich verändern kann.

Auf der einen Seite ist es gut und beruhigend, dass soweit alles in Ordnung zu sein scheint mit meinem Körper. Andererseits hätte ich mich mit einer gestörten Gerinnung liebend gern angefreundet - dadurch wäre der Tod von Hendrik wenigstens erklärbar gewesen. Nun ja, das Leben ist eben kein Wunschkonzert.

Am kommenden Montag ist mein 24. Zyklustag und ich bekomme meine Spritze zur Downregulierung.

Ich fühle mich innerlich ruhig und froh. Mein kleiner Hendrik ist irgendwie immer bei mir und das gibt mir Kraft. Wenn alles gutgeht, dann werde ich am Buß- und Bettag Mitte November diesen Jahres einen positiven Schwangerschaftstest in den Händen halten. An dem Tag wäre ich mit Hendrik in den Mutterschutz gegangen. Das wäre für mich ein klitzekleines Bisschen versöhnlich.

Ich bin nicht so aufgeregt wie vor der letzten ICSI. Im Gegenteil, ich habe ganz viel Kraft und Ruhe in mir. Ich weiß, dass alles gut werden wird.

Ich meditiere sehr viel und bereite mich auf die ICSI durch meditative Reisen vor. Dadurch konzentriere ich meine Kraft. Das tut mir gut.

31.10.2010

Gestern wurde Hendrik beerdigt.

Es war ein schöner warmer sonniger Oktobertag.

Gegen 9 Uhr am Morgen der Beerdigung habe ich Hendriks wunderschönen Grabschmuck abgeholt. Zwei enge Freunde haben mich zur Trauerfeier begleitet. Den Andachtsraum mussten wir zunächst suchen. Als wir ankamen, waren schon sehr viele Schmetterlingskindereltern und deren Angehörige dort. Ich schätze, insgesamt waren ungefähr 100 Trauernde anwesend. Die Andacht war wunderschön und sehr ergreifend gestaltet. Geschützt von meinen Freunden konnte ich weinen. Und ich habe sehr viele Tränen vergossen...

Alles war so unwirklich – ich wollte eigentlich nur schreien vor Schmerz und zwar so laut, dass die Welt kurz innehält und sich das alles als riesengroßer Irrtum herausstellen kann und mein Baby wieder geschützt und sicher in meinem Bauch ist und nicht beerdigt wird.

Im Rahmen dieser Trauerstunde wurde für jedes Kind ein gelber Stern ausgegeben, welcher dann von den Angehörigen gestaltet werden konnte. Im Nachgang der Trauerstunde wurden all die gelben Sterne auf eine riesige blaue Decke genäht. Diese Decke findet in den regelmäßigen Zeremonien für die verstorbenen Kinder Verwendung. Es werden von Mal zu Mal mehr Sterne...

Nach der Andacht liefen alle Trauernden gemeinsam zur Friedhofskapelle, bei der bereits die Bestatter mit den Wägen, auf denen die Kindersärge, von herrlichen Blumengestecken aus orangefarbenen Sonnenblumen umrandet, standen. Die Trauergemeinde schritt hinter den kleinen weißen Särgen her zur Kindergräberstätte. Am Grab wurde eine weitere Andacht gehalten. Danach folgte der endgültige Abschied - die Kindersärge wurden in die Erde hinabgelassen. Das war ein furchtbar trauriger Moment.

Alle Trauernden hatten Blumen und kleine Grabbeigaben oder auch Grabschmuck dabei. Jeder einzelne trat nun an das offene Grab, hielt kurz inne, warf eine Handvoll Sand auf die Särge und legte das jeweils Mitgebrachte nieder. Viele Trauernde hatten bunte, handbeschriftete Windräder dabei.

Den Abschluss bildeten ein Gebet sowie ein von einer Flötistin vorgetragenes Musikstück. Irgendwie waren der ganze Ablauf und die Art, wie dieser Abschied organisiert war, auf eine gewisse Art sehr tröstlich für mich. Unglaublich traurig war es trotzdem. Ich hatte große Mühe, die Beherrschung nicht komplett zu verlieren. Es war so unfassbar, da trägt man sein eigenes, so sehr gewünschtes Kind zu Grabe.

Inmitten all dieser anderen Kinder hat Hendrik aber ganz sicher einen guten Ort gefunden. Die Kindergrabanlage ist liebevoll gestaltet und ein Ort der Ruhe und der Hoffnung. Es ist dort so schön bunt durch all die vielen Windräder und Windspiele.

Pro Jahr finden 2-4 Beerdigungen statt. Die Sammelgräber bekommen eigene Grabplatten, so findet man das Grab des eigenen Kindes jederzeit problemlos wieder. Da sich die gesamte Anlage ständig verändert, ist dies ein wichtiger

Aspekt. Mit den Jahren werden die Gräber von Efeu überwachsen. Am Ende sieht alles ganz grün aus und es ragen nur noch die bunten Windräder und Windspiele hervor. Das wirkt unglaublich tröstlich. Ich werde dem Schmetterlingsverein eine entsprechende Geldspende zukommen lassen. Ich bin so froh, dass es diese Möglichkeit hier in Leipzig gibt. Anderswo landen Kinder wie Hendrik im Klinikmüll.

Der Beistand meiner Freunde und die Hoffnung, dass die bereits laufende Kinderwunschbehandlung möglicherweise Früchte tragen könnte, haben mich durch diesen schlimmen Tag getragen. Ich bin sehr froh, dass Hendriks Beerdigung vor der Punktion und Befruchtung meiner Eizellen stattgefunden hat. Alles andere hätte sich nicht richtig angefühlt.

Die Beerdigung war der schmerzhafte Abschluss der vermutlich schlimmsten Monate in meinem Leben. Ich hätte nie gedacht, dass ich zum einen so furchtbare seelische Qualen empfinden kann und dass ich diese Qualen, als ich sie dann fühlte, überleben würde. Kurz nach Hendriks Tod war ich fast schon davon überzeugt, dass ich an gebrochenem Herzen sterben würde.

Das Loch, in dem ich mich befand, war schwärzer als schwarz und tiefer als der Marianengraben.

Hendrik hat jede Träne, die ich um ihn weinte und noch weine, verdient. Ich werde ihn nie vergessen. Und ich bin mir sicher, er hat gefühlt, dass er absolut geliebt und gewünscht ist.

Ich weiß, ich werde ihn wiedersehen. Wenn ich alt bin und mein irdisches Leben verlasse, wird er auf mich warten. Mein

Kind wird mir entgegenfliegen im Himmel. Und ich werde ihn ganz fest in meine Arme schließen.

Bis dahin bleibt mir nur die Erinnerung.

Manchmal fliegt er jetzt schon neben mir her – als kleiner weißer Schmetterling.

5. Kapitel: die Zweite Kinderwunschbehandlung

03.11.2010

Heute hatte ich Punktion.

Die letzten Monate nach Hendriks Tod und der stillen Geburt am 14.07.2010 haben wir einigermaßen überstanden. Seit Ende September gehe ich auch wieder arbeiten. Es hat schon eine ganze Weile gedauert, alles zu verarbeiten. Glücklicherweise hatte ich Menschen um mich, die mich aufgefangen haben und mit denen ich jederzeit auch zum tausendsten Mal das Geschehene besprechen konnte. Dieses Glück hat wahrscheinlich nicht jeder... Für mich war unter anderem dieser Rückhalt lebensrettend.

Am 21. Zyklustag des letzten Zyklus habe ich meine Spritze zur Downregulierung bekommen (Decapeptyl).

Wir haben diesmal etwas höher stimuliert als beim letzten Mal und auch mit einer etwas geänderten Medikation.

Nachdem beim letzten Ultraschall nur fünf Follikel sichtbar waren, ließen sich heute immerhin acht Eizellen gewinnen. Genauso viele wie beim letzten Mal. Und da die Acht unsere Glückszahl ist, kann eigentlich und hoffentlich nicht mehr allzu viel passieren. Morgen ab 10 Uhr soll ich im Labor anrufen und nach dem Befruchtungsergebnis fragen. Ich bin schon sehr gespannt. Zwei gute befruchtete Eizellen würden mir vollkommen ausreichen. Momentan tut mir mein Bauch sehr weh. Jeder Schritt schmerzt. Aber das nehme ich gern in Kauf. Ich fühle mich grundsätzlich gut. Lediglich eine gewisse Müdigkeit und das Bauchweh lassen mich merken, dass heute ein wichtiger Tag in meiner

Kinderwunschkarriere ist... Von den Schmerzen abgesehen bin ich guter Dinge. Das wird schon.

04.11.2010

Heute musste ich den gefürchteten Anruf beim Labor absolvieren. Meine Finger haben gezittert, als ich zur vereinbarten Zeit die Telefonnummer des Labors wählte. Meine Furcht war glücklicherweise unbegründet:

Von acht entnommenen Eizellen waren fünf Eizellen reif und diese reifen Eizellen haben sich auch alle befruchten lassen. Das ist echt großartig und lässt hoffen...

Warum ich so große Angst hatte vor dem Anruf? Weil bei der „Herstellung einer Schwangerschaft" ständig irgendetwas schiefgehen kann. Bei einer Kinderwunschbehandlung wird einem intensiv vor Augen geführt, was für ein Wunder die menschliche Fortpflanzung ist und was alles dazugehört und Hand in Hand gehen muss, damit am Ende eine Schwangerschaft entsteht. Von der Geburt eines lebenden gesunden Babys möchte ich da noch gar nicht sprechen...

05.11.2010

Morgen schreite ich nun zum Transfer von zwei bis drei (je nachdem, wie viele gute Embryonen noch vorhanden sind) Embryonen mit hoffentlich ganz viel Einnistungspotential...

Ich habe diesmal höher stimuliert, da ich gerne Kryos übrig haben wollte. Das hat nicht funktioniert. Von acht punktierten Eizellen waren fünf reif, welche sich aber auch allesamt befruchten ließen, was ich wiederum klasse fand. Ursprünglich wollte ich wieder zwei Embryos zurück nehmen, aber ich will auch kein potentielles Baby einfach so in den Müll werfen. Sollten also drei gute Embryonen vorhanden sein, nehme ich diese auch zurück. Die Drillingswahrscheinlichkeit halte ich für sehr gering, mit Zwillingen habe ich kein Problem, aber schön wäre es, wenn es wenigstens ein "Einling" werden würde! Das wäre schon ein riesiges Glück.

Es ist vielleicht ein kleines Risiko dabei, so viele befruchtete Eizellen zu transferieren, aber beim letzten Mal hatte ich zwei befruchtete Eizellen zurückgenommen, und es wurde auch "nur" ein Einling. Ich halte es für nicht sehr wahrscheinlich, dass sich alle drei Embryonen einnisten. Aber natürlich ist das ein Risiko. Im schlimmsten Fall können sich alle Eizellen noch einmal teilen, dann wäre ich mit Sechslingen schwanger. Aber es gibt auch genügend Frauen, welchen 3 Embryonen transferiert werden und die gar nicht schwanger werden. Wie auch immer, das Ganze erscheint mir wie ein Lotteriespiel. Und es ist sehr nervenaufreibend.

Diesmal bekomme ich ab Transfer zusätzlich zum Utrogest Progesteron Depot-Spritzen (auf meinen Wunsch). Beim letzten ICSI-Versuch war das Progesteron am Anfang meiner Schwangerschaft sehr niedrig. Eine Wiederholung dieses Progesteronmangels und ein dadurch eventuell entstehendes Risiko für die Schwangerschaft möchte ich von vornherein vermeiden.

Zusätzlich bekomme ich ab Transfer Progynova. Dieses Medikament soll meine Gebärmutterschleimhaut noch besser machen. Last but not least nehme ich auch noch EmbryoGlue.

Mehr kann ich wirklich nicht machen und wenn es nicht klappt, dann soll es halt dieses Mal nicht sein. Es wäre auch zu schön, wenn jeder ICSI-Versuch zu einer Schwangerschaft führen würde. Jedenfalls die Statistik spricht dagegen, dennoch denke ich wie immer positiv, sonst könnte ich es ja gleich lassen...

Interessanterweise bin ich diesmal viel entspannter als beim letzten Mal. Mir kommt es eher so vor, als sei das der Versuch für ein Geschwisterchen. Das klingt sicher komisch... aber ich bin mir sicher, klein Hendrik sitzt irgendwo da oben auf seiner Wolke und wacht über uns.

06.11.2010
Heute war der Transfer von zwei befruchteten Eizellen. Die Entscheidung war unglaublich schwierig. Es waren drei sehr gute Embryonen übrig. zwei 8-Zeller in A-Qualität und ein 10-Zeller in A-Qualität.

Mein Mann und ich hatten daher ein Gespräch mit der Ärztin, die den Transfer durchführen sollte - und haben anschließend nochmal lange diskutiert. Und sogar ein Münze geworfen.

Mir fiel es sehr schwer, ein potentielles Baby in den Müll zu werfen. Denn wer sagt uns denn, dass nicht ausgerechnet der verworfene Embryo unser Baby geworden wäre. Leider friert unser Kinderwunschzentrum Tag-3-Embryonen nicht ein. Das finde ich wahnsinnig schade. Andere Zentren machen das. Es ist vor allem so sinnlos: wenn diese ICSI keine Früchte trägt, dann fangen wir von vorn an. Mit diesem einen Embryo hätten wir aber eine Kryo machen können... hätte – hätte – Fahrradkette, wie man so schön sagt...

Laut der Ärztin wäre das Drillings-Risiko zu groß, so dass wir uns für zwei Embryonen entschieden haben. Ich fand die Entscheidung – vor allem unter Zeitdruck – wirklich schwierig.

Nun wächst und gedeiht hoffentlich mindestens ein Baby.

Also meine Kleinen: macht es euch gemütlich! Hendrik Leander wacht über euch!

12.11.2010

Wir waren für ein paar Tage in Kühlungsborn und haben uns bestens abgelenkt. Wir haben viel frischen Fisch gegessen, sind am Strand gelaufen und haben frische Ostseeluft geschnuppert. Das war toll!!! Und es hat vor allem abgelenkt.

Im Moment weiß ich nicht so richtig, was ich denken soll. Ich bin hin- und hergerissen zwischen der Auffassung, dass es bei diesen guten Voraussetzungen ganz sicher geklappt hat. Schließlich hat es beim letzten Mal schon bestens funktioniert und diesmal haben wir sogar noch „härtere" Geschütze aufgefahren (EmbryoGlue, Progynova und Progesteron-Depot-Spritzen…).

Auf der anderen Seite nagt da diese kleine böse Stimme in mir, die meint, es wird kaum zweimal hintereinander klappen, schließlich bin ich ja nicht direkt als Glückspilz bekannt. Glück habe ich nur wenig, alles was ich erreiche, ist das Ergebnis harter Arbeit.

Dann sagt wieder die andere, gute Stimme: naja eben, schließlich war die ICSI ja harte Arbeit, also wird es klappen. Und sie sagt: Ich vertraue meinem Körper, er weiß und wird wissen, was er tut und alles wird gut.

Ich lege mir mindestens einmal am Tag die Spieluhr auf den Bauch und rede intensiv mit meinen beiden Bauchbewohnern.

Auf der einen Seite habe ich ein wenig Angst davor, wie ich mich fühlen werde, wenn es nicht geklappt hat. Auf der anderen Seite kann es gar nicht so schlimm werden, denn das Schlimmste habe ich bereits erlebt mit dem Verlust meines Sohnes.

Es kann also alles nur irgendwie gut werden. Und wenn nicht jetzt, dann eben beim nächsten Mal. Irgendwann wird es schon klappen. Schön wäre es, wenn es jetzt klappt, aber das ist nicht zwingend. Ich bin mir sicher, dass wir noch lange nicht aufgeben werden.

Ich habe nächsten Freitag Bluttest. Also quasi bei PU+16 (16 Tage nach der Punktion der Eizellen).

Bislang habe ich zum Glück noch keinen Warteschleifen-Koller. Ich bin diesmal ganz entspannt. Mir kann ja nicht viel passieren, außer, dass es nicht klappt. Und dann werde ich bestimmt ein bisschen traurig sein, aber lange nicht so schlimm traurig wie bei Hendriks Tod.

Mir kann nach dem ganzen Trauma eigentlich gar nicht mehr wirklich etwas passieren, und das macht mich total ruhig und entspannt.

Ich genieße meine Zeit zuhause, gehe viel raus in die Natur, versuche, ganz bei mir zu sein und ganz viel Ruhe in mir zu finden. Ich visualisiere mit Hilfe der Kinder-Wunsch-Reisen Meditations-CD mein Kind und trinke Kindlein-komm-Tee. Selbstverständlich bin ich auch gespannt, ob sich wenigstens einer der beiden Süßen entschließen konnte, sich bei mir so richtig schön einzunisten. Aber das liegt ja nun leider nicht in meiner Hand.

Alles, was ich aktiv tun konnte, habe ich getan.

Wir haben alles getan, damit es gut wird und nun hoffen wir auf die Portion Glück.

13.11.2010 (Samstag) (Punktion+10, Transfer+7)

Ich kann es einfach nicht lassen...Heute früh blieb ein Schwangerschaftstest natürlich blütenweiß.

Gut, beim letzten Mal habe ich auch erst ab PU+12 leicht und ab PU+13 erkennbar positiv getestet. Aber da war diese klitzekleine Hoffnung, dass man vielleicht etwas sehen könnte...

Ich bin sehr hin- und hergerissen. Das ist jetzt wieder diese schlimme Zeit kurz vorm Ergebnis. Ein Kind ist zum Greifen nah. Und im Moment steigt doch meine Angst vor meinen Gefühlen, die mich überrollen könnten, wenn es nicht funktioniert hat.

Hoffentlich geht alles gut aus. Es wäre so schön, wenn wir diese ICSI-Prozedur nicht noch ewig wiederholen müssten und wenn wir nächsten Sommer unser Baby im Arm halten könnten...

Mal sehen, wie ich mich heute am besten ablenken kann. Das Wetter ist jedenfalls toll, die Sonne lacht und der Himmel ist blau und es ist schön mild.

Ich wünsche mir so sehr und aus tiefstem Herzen, dass ich schwanger bin. Kleiner Hendrik, pass gut auf uns auf...

Am selben Tag, 13:38 Uhr

Ich habe mich mit Hilfe einer Riesenrunde Gassi mit meinem Hund abgelenkt. Dabei wurde mein Kopf schön frei.

Ich habe das Gefühl, dass doch noch ein bis zwei Minis in meinem Bauch sind und es dort auch ziemlich gemütlich haben und auch keinerlei Anstalten machen, meinen Bauch in den nächsten 7 bis 8 Monaten zu verlassen.

Nun denn, Gefühle lügen hoffentlich nicht. Ein Gefühlskarussell...

14.11.2010 (Sonntag, PU+11)

Da ist eine hauchzarte Linie auf dem Schwangerschaftstest! Man braucht allerdings schon sehr gute Augen und der im Beipackzettel angegebene Testzeitraum von 3 Minuten war deutlich überschritten. Aber es ist gewiss keine Verdunstungslinie, da bin ich sicher. Mein Herz schlägt bis zum Hals. Diese hauchzarte, fast nur erahnbare Linie entscheidet über Trauer oder Freude. Ein kleines, unendlich ersehntes, schon jetzt unendlich geliebtes kleines Menschlein hat sich tatsächlich auf den Weg zu uns gemacht. Wahnsinn. Ich schwebe vor lauter Glück. Dem Himmel sei gedankt...

Es sind heute genau 4 Monate vergangen seit Hendriks Geburt...

15.11.2010 (PU+12)

Heute habe ich, nach den Billigtests der letzten Tage, etwas schwerere Geschütze aufgefahren: Der Clearblue-Schwangerschaftstest mit Wochenbestimmung sagt SCHWANGER 1-2!

Wir können unser Glück kaum fassen.

Natürlich haben wir gehofft. Aber ein bisschen realistisch muss man ja auch bleiben. Es kommt sicherlich nicht so oft vor, dass direkt jede ICSI zu einer Schwangerschaft führt.

Ich hatte mich innerlich aus Selbstschutzgründen schon auf einen langen Atem eingestellt. Jetzt bin ich nur noch glücklich und hoffe, dass wir unser kleines Wunder behalten dürfen - ein Leben lang als lebendes Kind. Unseren Hendrik haben wir zwar auch ein Leben lang und er lebt auch weiter, in unseren Herzen. Aber ein lebendes Kind, was ich fest an meiner Hand halten kann, wäre wunderbar.

16.11.2010 (PU+13)

Heute war ich im Kinderwunschzentrum und habe mir meine Progesteron-Depot-Spritze abgeholt. Beiläufig habe ich der Schwester S. erzählt, dass meine Schwangerschaftstests positiv sind. Und –zack- hat sie mir Blut abgezapft. Gegen 13.30 Uhr rief sie mich an und sagte, sie will mir die guten Neuigkeiten persönlich mitteilen. HCG lag bei 135,3 und das Progesteron über 191, also alles perfekt. Diesen Anruf werde ich ihr nie vergessen.

Ich habe es noch gar nicht in Gänze realisiert, dass wir von der dunklen Seite wieder ins Licht gewechselt sind. Jetzt geht endlich das L e b e n weiter.

Heute ist der Geburtstag meiner geliebten Oma Rita, die sich jetzt sicher sehr über das wachsende Urenkelchen vom Himmel aus freut…

6. Kapitel: Meine Folgeschwangerschaft

18.11.2010
Mein Gefühl ist sehr positiv, es wird schon alles gut werden diesmal. Okay, ich bin froh, wenn alles gut geht. Davon gehe ich aber jetzt einfach mal aus, denn wir haben nach meiner Auffassung unser Soll an Schicksalsschlägen übererfüllt und es kann jetzt nur noch gut bleiben...

26.11.2010 (5+2)
Heute hatte ich einen Ultraschall-Termin im Kinderwunschzentrum. Wie immer war ich unheimlich aufgeregt vor diesem Termin. Ich saß mit klopfendem Herzen und schweißnassen Händen im Wartezimmer. Diese aufkommende Angst vor einer schlechten Nachricht habe ich nicht so richtig im Griff. Ich hoffe, dass sich das demnächst etwas bessert. Wir haben eine Fruchthöhle im Ultraschall gesehen mit Dottersack und embryonalen Anlagen. Es sah alles gut aus. Alles scheint zeitgerecht und gut zu sein. Das HCG lag bei 6730.

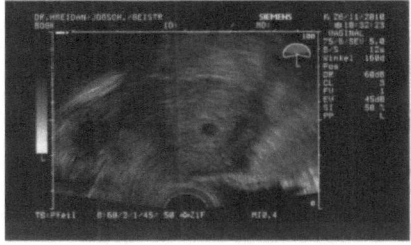

02.12.2010 (6+1)
Mir geht es ganz gut. Heute Nachmittag habe ich wieder einen Ultraschall-Termin.

Ich bin ziemlich aufgeregt und ich habe immer noch Angst vor solchen Terminen. Schließlich habe ich mir schon zweimal anhören müssen „Tut mir leid, Ihr Kind ist tot"…so etwas möchte ich nie wieder hören und werde ich hoffentlich auch nie wieder hören.

Hier hat es über Nacht stark geschneit. Es ist eine tolle Winterlandschaft entstanden. Alles sieht weiß und frisch aus. Die Sonne scheint dazu, einfach herrlich. Ich bin der ganzen Schönheit der Natur jedoch nur halb aufgeschlossen gegenüber, da ich wirklich aufgeregt bin wegen des Ultraschalls heute. Ich will einfach nichts Schlechtes hören…

Kurz vor dem Termin scheint sich meine Angst irgendwie zu steigern. Ich habe versucht, mich abzulenken. Aber so richtig gelingt es mir nicht.

Nachtrag: es ist alles gut gewesen beim Ultraschall… Das kleine Herz vom Baby hat geschlagen. Ich bin so froh. Erleichterung macht sich breit. Wenn nur diese grauenhafte Anspannung vor diesen Terminen nicht wäre. Die Angst kriecht jedes Mal ganz langsam, dafür aber heftig in mir hoch. Mein Herz schlägt bis zum Hals und mir ist furchtbar schlecht – bis zu dem erlösenden Moment, in dem ich sehe, dass mein Baby lebt.

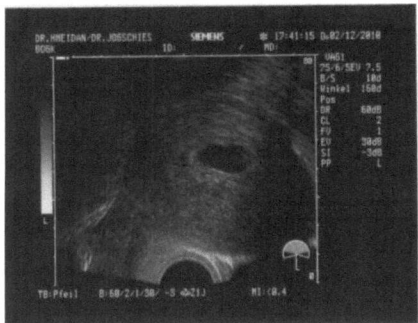

10.12.2010 (7+2)

Mein seelischer Zustand ist nicht der allerbeste im Moment... Ich versuche, einfach nur alles richtig und so gut wie möglich zu machen - aber ich habe große Angst. Die Angst ist kurz vor dem jeweiligen Ultraschall extrem schlimm. Meinen Blutdruck und Puls dürfte da keiner messen...Und nach dem Ultraschall, so ein bis zwei Tage später, kommt die Angst langsam zurück. Diese Woche kam sie massiv am Dienstag.

Der letzte Ultraschall-Termin war am Donnerstag. Am Dienstagnachmittag war meine Angst dann so schlimm, dass ich zu meinem „normalen" Frauenarzt gehetzt bin. Wirklich gehetzt. Nicht lediglich gelaufen. Zum Kinderwunschzentrum zu fahren, war mir zu peinlich. Leider hatte die Praxis schon geschlossen und ich dachte, ok, dann wartest du bis Donnerstag.

Weit gefehlt, ich habe in der Nacht zum Mittwoch kaum geschlafen und war ganz früh schon in der Praxis. Dort kam ich dann auch sofort dran und die Ärztin hat ganz fix gesucht und sofort den Doppler angeschaltet, damit ich in Farbe sehen kann, wie das Herzchen schlägt... Mir kamen vor Erleichterung die Tränen.

Die Schwangerschaft ist wegen der Angst vor einem weiteren Verlust ein Horrortrip für mich, das hatte ich so nicht vermutet. Ich träume sehr oft von Hendriks Geburt und wache dann auf. Auch tagsüber überkommt mich das manchmal. Das ist einfach furchtbar. Es war schließlich eine richtige Geburt. Zwar mit einem sehr kleinen Baby, aber dennoch mit allem drum und dran. Und absolut traumatisch.

Ich habe ein Entschuldigungsschreiben vom Krankenhaus bekommen. Sie haben meine Vorwürfe anerkannt. Damit habe ich nicht gerechnet. Vielleicht hilft es den Frauen, die ein ähnliches Schicksal erleiden wie ich und ihr Kind in diesem Krankenhaus still bzw. tot gebären müssen. Vielleicht bewirkt mein Schreiben zumindest ein klitzekleines Umdenken. Vielleicht werden diese betroffenen Frauen mit zumindest ein wenig Empathie durch ihr Schicksal begleitet. Mir hilft die Reaktion der Klinik. Ich fühle mich gehört und ernst genommen.

16.12.2010 (8+1)
Zwischenzeitlich war ich zur Untersuchung in der Gerinnungsambulanz. Die Ärztin hatte mir, nachdem meine Gerinnung im nicht schwangeren Zustand unauffällig war, nahegelegt, mich nach positivem Schwangerschaftstest wieder bei ihr vorzustellen. Die aktuellen Gerinnungsergebnisse bekomme ich heute Nachmittag. Ich hoffe sehr, dass alles in Ordnung ist. Ich bin froh, dass alles noch einmal überprüft wird.

Vorhin war ich beim Ultraschall. Ich hatte heute Nacht wieder eine Horrornacht mit sehr wenig Schlaf – seit 4 Uhr war ich ständig wach. Die Angst kriecht in mir hoch, und ich kann es nicht verhindern. Aber zum Glück war alles in Ordnung. Unserem Krümelchen geht es offenbar gut. Es ist gewachsen auf 19 mm, das Herzchen schlägt fleißig und man sieht schon Arm- und Beinknospen.

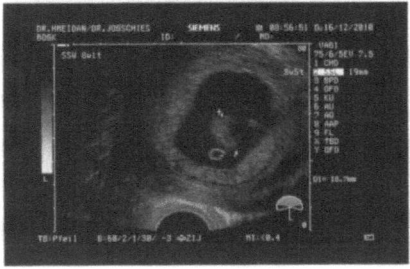

Der Ultraschall und vor allem meine Ärztin waren wieder sehr beruhigend. Jetzt habe ich das Frühstück nachgeholt - heute Morgen war mir der Appetit komplett vergangen.

17.12.2010 (8+2)

Heute war ich zur Therapiebesprechung in der Gerinnungsambulanz. Ich habe eine „Gerinnungsaktivierung deutlich über das Maß der Schwangerschaftswoche ansteigend" und muss nun ab sofort Fragmin P forte spritzen.

Die Schwestern haben mich dann auch gleich „genötigt" mir die erste Spritze unter Aufsicht in der Praxis zu setzen. Es hat ewig gedauert, bis ich mich überwunden und durchgerungen hatte, zuzustechen...

Die Hormonspritzen hat mir mein Mann verabreichen müssen, denn ich habe eine Spritzenphobie... Aber die Schwester war nicht davon zu überzeugen, die Spritzerei meinem Mann zu überlassen. Naja, da musste ich tapfer sein...

Vermutlich war diese Überaktivierung meines Gerinnungssystems unter einer Schwangerschaft die Ursache für Hendriks Tod. Keine schöne Erkenntnis. Aber wer kontrolliert so etwas schon normalerweise...

27.12.2010 (9+5)

An Heiligabend hatte ich einen regelrechten Horrorvormittag im Kinderwunschzentrum. Grundsätzlich habe ich am 03.01.2011 meinen nächsten Termin bei meiner Kinderwunsch-Ärztin zum Ultraschall. Bis dahin soll ich weiterhin zwei Mal wöchentlich meine Progesteron-Depot-Spritzen bekommen.

Letzte Woche hat meine Ärztin mir erklärt, dass man den Progesteron-Wert jetzt nicht länger testen bräuchte, weil dieser sowieso außerhalb des messbaren Bereiches (also größer als 191) liegen würde, da ich ja die Depot-Spritzen bekomme und zusätzlich Utrogest nehme.

Um meine Progesteron-Spritze zu erhalten, sollte ich an Heiligabend morgens in das Zentrum kommen. Zuvor hatte ich angeboten, mir diese Spritze, statt ins Kinderwunschzentrum zu kommen, von meinem Vater verabreichen zu lassen. Mein Papa ist Arzt und entsprechend in der Lage, mir das Progesteron an Heiligabend zu spritzen.

Sie meinte, das wäre nicht nötig, da die Praxis sowieso besetzt sei. Ich soll einfach vorbeikommen.

Nichtsahnend bin ich daher am 24.12.2010 in die Praxis gefahren und die Schwestern haben mich zunächst 15-20 Minuten ohne jede Information sitzen lassen, wobei spürbar war, dass mein Erscheinen für keine große Freude gesorgt hat. Dann erschien eine Ärztin, mit der ich bislang nicht viel zu tun hatte und die ich auch bisher nicht als sonderlich verbindlich und nett empfunden habe, raste an mir vorbei und sagte: „Frau Bogk, kommen Sie mal mit." Wunschgemäß, oder besser gesagt dem Befehl folgend, ging ich ihr hinterher in deren Zimmer. Sie hat mir nicht einmal einen Platz angeboten, hatte aber meine Akte auf dem Tisch, in der sich jedoch lediglich die grünen Bögen mit der Hormongabe während der Stimulation befanden. Von den Ergebnissen der Immunologie und der Gerinnung wusste sie zu dem Zeitpunkt also noch nichts. Und dann kam der Hammer, denn sie sagte zu mir: „Frau Bogk, ich habe Sie ja nun heute schon wieder hier rumsitzen sehen und wir lassen das jetzt mit den Spritzen! In welcher Woche sind Sie denn eigentlich?"

Rums!

Daraufhin habe ich ihr unter Herzrasen, die aufsteigende Panik mühsam unterdrückend, zu erklären versucht, dass die Vorgehensweise mit meiner Ärztin so abgesprochen ist und dass ich bestimmt nicht einfach die Spritzen weglassen werde. Sie hat das nicht wirklich akzeptiert, konnte mir aber auch auf meine Frage, wie es denn normalerweise gemacht wird und ob es Studien oder Erfahrungswerte gäbe, die ihr bekannt seien, keine Antwort geben. Sie meinte dann nur äußerst ungehalten: „Na dann besprechen Sie das am Dienstag mit Frau Dr. G (also meiner Stamm-Ärztin)."

Ich war erschüttert, zumal ich mich am 23.12.2010 glücklicherweise bei einer neuen „normalen" Frauenärztin vorgestellt habe, die sich ganz in meiner Nähe niedergelassen hat und vorher in der Uniklinik praktiziert hat.

Dort gab es dann auch dieses schöne Ultraschallbild:

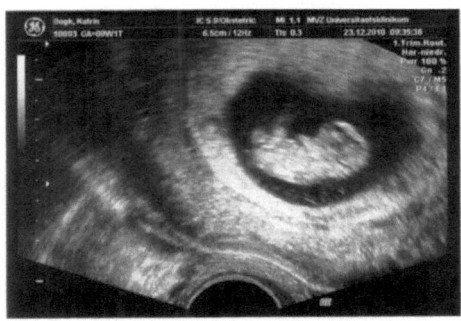

In der „normalen Frauenarztpraxis" habe ich mich vorgestellt, weil die Praxis unkompliziert fußläufig zu erreichen ist und weil ich schon vor dem 24.12.2010 das Gefühl hatte, dass es den Schwestern unheimlich auf die

Nerven geht, mir zweimal wöchentlich die Progesteron-Spritze zu geben. Grundsätzlich ist das sehr schade, denn meine Ärztin ist vermutlich die allerbeste Kinderwunschärztin weit und breit und ich vertraue ihr sehr – und hätte mich aus diesem Grund sehr gerne von ihr durch die komplette Schwangerschaft begleiten lassen. Die Atmosphäre rund um die Sprechstundenhilfen lässt mich davon aber Abstand nehmen.

Diese neue Ärztin hat sich alle meine Befunde angesehen, insbesondere auch Hendriks Obduktionsbericht studiert. Anschließend hat sie mir einen „Schlachtplan" erklärt, wie wir am besten und sichersten durch die Schwangerschaft kommen. Und dazu gehörte auch, dass die Progesteronzufuhr ganz vorsichtig reduziert werden muss, um bei meinem Hintergrund wirklich nichts zu riskieren.

Mit diesen Informationen im Hinterkopf habe ich an Heiligabend um die Progesteron-Spritze gekämpft…

Die Schwester hat mir nach dem „Gespräch" mit der Ärztin im Kinderwunschzentrum Blut abgenommen (für den sinnlosen Progesteron-Test) und wollte mich heim schicken. Ich habe gesagt, dass ich noch meine Spritze bekomme. Sie meinte, das stimmt nicht und sie müsste nochmal mit der Ärztin reden. Nach 10 Minuten kam sie wieder und setzte sich wortlos hinter den Tresen. Weitere 10 Minuten später brüllte sie nach einer anderen Schwester und rief: „Geben Sie Frau Bogk mal ihre Spritze". In einem Ton, der mehr als deutlich machte, was sie von meinem Ansinnen hält.

Insgesamt habe ich eine ganze Stunde in der Praxis verbracht für etwas, was sonst 5 Minuten dauert.

Morgen gehe ich zu meiner Kinderwunschärztin und hoffe, dass ich das klären kann. Mein Vertrauen hat allerding gelitten und auch meine Lust, dort hinzugehen, tendiert gen Null.

Den emotionalen Stress, den ich in dieser Stunde hatte, muss ich ja sicherlich nicht weiter ausführen. Mich beschäftigt das auch heute noch...

29.12.2010 (10+0)
Heute war der errechnete Entbindungstermin von Hendrik. Hier war herrlichstes Winterwetter und die Sonne hat gelacht. Es wäre ein schöner Tag gewesen, um auf die Welt zu kommen. Ich denke immer noch jeden Tag an ihn und frage mich, warum er umkehren musste, noch bevor er richtig da war.

Gestern hat mein Schwiegervater die Diagnose Krebs bekommen. Leider hat er schon Metastasen. Er ist ein toller Mann und trägt sein Schicksal mit unfassbarer Würde und Gelassenheit, was mich zutiefst berührt aber auch erschüttert hat. Er will seine letzten Tage nutzen, um alles geordnet zu hinterlassen. Kein Heulen und Zähneklappern, sondern eine fast schon unheimliche Ruhe und Würde. Es tut mir so weh. Schon wieder ein sich anbahnender Verlust. Er ist der beste Schwiegervater der Welt und absolut unverzichtbar. Er ist erst knapp über 70 Jahre alt und war bisher topfit und mitten im Leben. Seit Jahren wünschen er und meine Schwiegermutter sich ein Enkelkind von ihrem Sohn. Und ausgerechnet jetzt, wo ein neues Leben wächst und gedeiht, schlägt das Schicksal zu. Ich hoffe und wünsche, dass ihm noch ausreichend Zeit bleibt, um sein Enkelchen kennenzulernen.

Gestern war ich im Kinderwunschzentrum und hab mit meiner Ärztin gesprochen. Sie hat den Vorfall an Weihnachten sehr bedauert. Es war ein gutes Gespräch.

Meine Ärztin hat einen Ultraschall gemacht und dieses schöne Erlebnis hat mich über den Schock mit meinem Schwiegervater ein wenig hinweg getragen. Mein Baby hat jetzt schon Arme und Beine und hat wie wild geturnt. Ich bin verliebt.

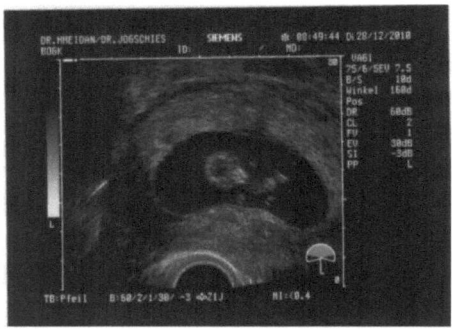

05.01.2011 (11+0)

Neues Jahr, neues Glück… In diesem Jahr wird nun hoffentlich unser Sonnenschein lebend geboren. Das Jahr 2010 mit all seinen Schrecken, aber auch mit all seinen glücklichen Tagen liegt hinter uns.

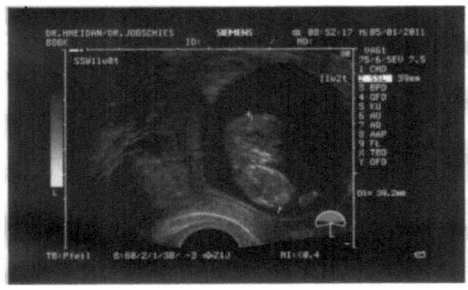

07.01.2011 (11+2)

Heute hatte ich einen Ultraschalltermin in der gynäkologischen Praxis, in der ich mich kurz vor Weihnachten letzten Jahres vorgestellt hatte.

Es war ein äußerst entspannter Termin für mich, weil ich mein Baby zuletzt vor zwei Tagen im Ultraschall bewundern durfte und dieses gute Gefühl noch bis heute nachhallte. Statt wie üblich voller Angst war ich vielmehr voller Vorfreude auf diesen Termin.

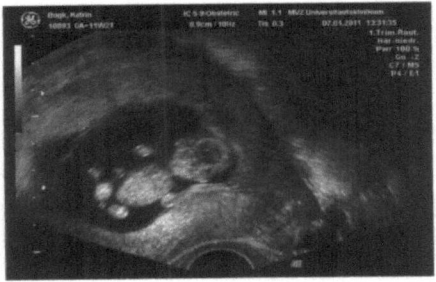

11.01.2011 (11+6)

Ich habe mich nach langem Ringen entschlossen, morgen meiner Kinderwunsch-Ärztin mitzuteilen oder besser "nahezubringen", dass ich die weitere Schwangerschaftsbetreuung in meiner gynäkologischen Praxis in Anspruch nehmen will. Im Kinderwunschzentrum bzw. die Sprechstundenhilfen betreffend fühle ich mich nicht mehr wohl seit der Spritzenverweigerung an Weihnachten. Sobald ich die Praxis betrete, fühle ich mich komisch beäugt von einigen der Sprechstundenhilfen. Meine Kinderwunschärztin betreffend hat sich nichts geändert. Bei ihr fühle ich mich absolut wohl. Aber dieser gefühlte Spießrutenlauf am Empfangstresen ist mir in höchstem Maße unangenehm. Dennoch habe ich ein sehr schlechtes Gewissen in Bezug auf meine Kinderwunsch-Ärztin. Sie betreut mich so gut und so wertschätzend, dass es mir alles andere als leicht fällt, die Betreuung an dieser Stelle zu beenden. Allerdings, wenn ich nur an einige Damen hinter dem Empfangstresen und deren Ausdruck auf ihren Gesichtern, wenn ich erscheine, denke, wird mir meine Entscheidung sehr leicht gemacht...

13.01.2011 (12+1)
Gestern war ich bei meiner Kinderwunsch-Ärztin. Ich habe ihr zu erklären versucht, dass ich die weitere Betreuung meiner Schwangerschaft gern meiner gynäkologischen Praxis anvertrauen würde. Das war für sie vollkommen in Ordnung. Sie hat mir angeboten, dass meine gynäkologische Praxis die Hauptbetreuung übernehmen könnte und ich bei eventuell aufkommenden Ängsten jederzeit zu ihr zum Ultraschall kommen könnte. Da ich nächste Woche noch keinen Ultraschall in der anderen Praxis habe, hat sie mir gleich noch einen Termin gegeben. Die heutige Ultraschalluntersuchung zeigte – sehr zu meiner Beruhigung und Freude - eine unauffällig verlaufende Schwangerschaft und ein munteres Baby.

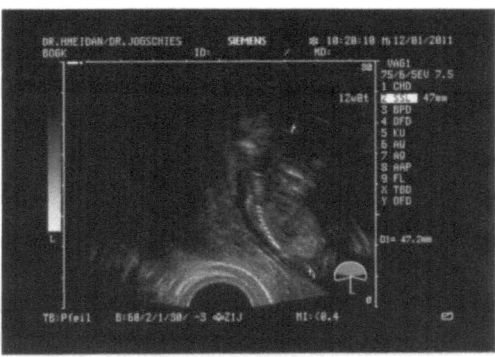

21.01.2011 (13+2)

Gestern hatte ich einen Ultraschalltermin im Kinderwunschzentrum. Der Termin an sich ist sehr gute verlaufen. Allerdings war ich vor dem Ultraschall wirklich dem Herzinfarkt sehr nahe... Meine Aufregung vor dem Termin war leider wieder nahezu grenzenlos. Mein Herz raste, meine Hände schwitzten und meine Beine zitterten. Ich frage mich, welche Auswirkungen diese psychischen und körperlichen Ausnahmezustände, die sich ja eigentlich nur während des Ultraschalls und in den Stunden danach normalisieren, auf mein Baby haben...

Das lange Warten im Wartezimmer hat meine Aufregung auch nicht gerade verbessert. Die lange Wartezeit lag darin begründet, dass meine Kinderwunsch-Ärztin noch im Operationssaal war.

Die Wartezeit wurde mir allerdings durch die einzige liebe Schwester dort mehr als versüßt: sie hat mir als Glücksbringer den ersten Strampler ihres Babys mitgebracht. Sie sagte, wenn mein Baby da ist, MUSS ich mit dem Baby im Kinderwunschzentrum vorbeikommen und sie besuchen, und dann erst nimmt sie den Strampler zurück. Ich war den Tränen sehr nahe. Lediglich meine abartige Aufregung und die Anspannung haben mich davon abgehalten, meinen Tränen freien Lauf zu lassen.

Diese liebe Schwester hat mich dann auch gefragt, ob sie beim Ultraschall dabei sein darf, was ich natürlich bejaht habe.

Irgendwann war ich dann endlich dran und zum Glück war alles bestens mit dem kleinen Baby.

Meine Kinderwunsch-Ärztin hat mir zu meiner Überraschung und Freude angeboten, die Ultraschalluntersuchung aufzunehmen und mir dann auf einen USB-Stick zu ziehen. Ich wusste bislang gar nicht, dass so etwas technisch möglich ist.

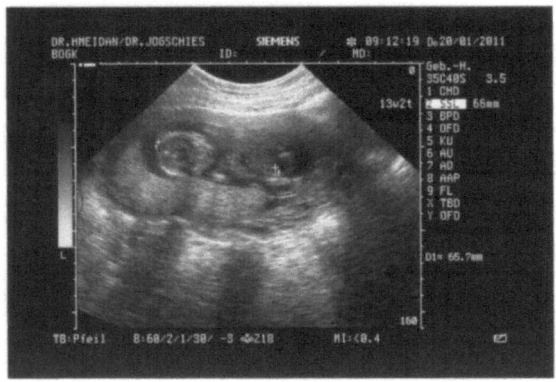

Insofern war gestern ein wirklich guter Tag. Aber nach dem Termin war ich trotzdem völlig fertig. Wenn ich meine Angst nicht bald in den Griff bekomme, ist das wirklich nicht gut für meine Nerven und auch nicht für mein Baby.

Ich hoffe jetzt sehr auf die 17. SSW. Dann wäre die Schwangerschaftswoche, in der Henrik gestorben ist, vorbei. An 15+6, also Ende der 16. Schwangerschaftswoche, wurde Hendriks Tod festgestellt. Das ist für mich ein absolutes Horrordatum und ich habe eine wahnsinnige Angst vor dieser Schwangerschaftswoche. Meine Angst ist, dass sich alles wiederholt und dass auch dieses Baby einfach so stirbt. Ich merke bereits jetzt, dass meine Angst sich noch steigert, umso näher diese Schwangerschaftswoche kommt.

Ich habe mir für genau diesen Zeitpunkt einen Ultraschall-Termin geben lassen. In knapp drei Wochen ist es soweit…

Im Grunde meines Herzens habe ich aber ein gutes Gefühl. Eigentlich weiß ich, dass alles gut ist und bleibt. Und mir tut es so leid, dass ich dem Baby und dem Schicksal nicht vollumfänglich vertrauen kann, sondern in Panik verfalle. Ich kann nur hoffen, dass mein Baby meine Ängste nicht mitbekommt...

24.01.2011 (13+5)
Wir waren heute zum Erst-Trimester-Screening. Alle Werte sind in Ordnung.

Jetzt ist mein nächstes Ziel, die von mir so gefürchtete 16. Schwangerschaftswoche heil zu überstehen und dann sehen wir weiter. Stück für Stück zum Babyglück...

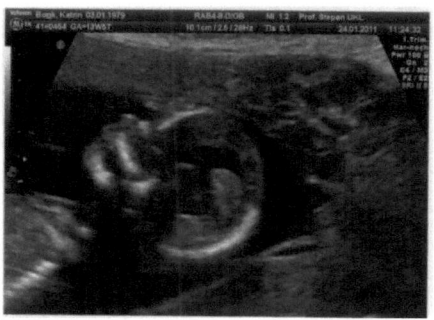

26.01.2011 (14+0)
Heute habe ich die Schwangerschaftswoche 14+0 geschafft und befinde mich damit nun in der 15. Schwangerschaftswoche.

Langsam nähere ich mich dem Zeitpunkt in meiner Schwangerschaft mit Hendrik, zu dem er starb. Das beschäftigt mich leider sehr. Ich versuche zwar, meinen Ängsten rational zu begegnen. Zum Beispiel versuche ich, mir selbst zu verdeutlichen, dass in dieser Schwangerschaft vieles anders läuft. Vor allem, weil nach Hendriks Tod dankenswerterweise Ursachenforschung betrieben wurde und ich mir aufgrund der Ergebnisse dieser Ursachenforschung täglich Blutverdünner in meine Beine spritze, Cortison einnehme und die Schwangerschaft ganz anders und sehr sorgsam überwacht wird. Dennoch: Ängste wären keine Ängste, wenn man sie einfach so rational in den Griff bekommen könnte. Ich arbeite täglich daran und es gibt gute und weniger gute Tage.

Heute Nacht hatte ich einen meiner vielen Alpträume, die mich seit Hendriks Tod begleiten:

Ich war mit Zwillingen schwanger nach einer künstlichen Befruchtung und in der 11. SSW kam es zur Missed Abortion. Das Merkwürdige war, dass ich nicht über die Tatsache der Fehlgeburt traurig war, sondern darüber, dass ich nun schon wieder so eine doofe ICSI machen muss. Ich hab im Traum gedacht: Och nee, schon wieder diese ganze Quälerei von vorne... Ich habe mich so hilflos gefühlt. Zum Glück bin ich dann aufgewacht...

Warum kann ich nicht einfach von süßen lebenden Babys träumen?

Ich hoffe einfach sehr, dass alles gut geht und dass ich nach dem Ultraschalltermin Anfang der 17. Schwangerschaftswoche wenigstens ein bisschen ruhiger werde.

Ich lenke mich zurzeit mit dem Kauf von niedlichen Babysachen ab. So nach dem Motto: viel kaufen, dann MUSS das Baby lebend geboren werden, damit es all die schönen Sachen anziehen kann... Das Kinderzimmer ist bereits komplett, so dass ich mich ausführlich dem sonstigen „Zubehör" widmen kann. Dank des Beschäftigungsverbotes habe ich viel Zeit.

01.02.2011 (14+6)

Körperlich geht es mir im Grunde genommen recht gut. Allerdings bin ich psychisch durch die nahezu ständig präsente Angst, mein Baby könnte einfach so sterben, sehr belastet. Dauerhaft Angst zu haben und dadurch schlecht zu schlafen macht auf Dauer etwas mit der betroffenen Person und dem betroffenen Körper. Dass diese Ängste so vollumfänglich von mir Besitz ergreifen würden, damit habe ich nicht gerechnet. Ich versuche, zu entspannen, zu meditieren, spazieren zu gehen, zu lesen, mich abzulenken – aber nichts scheint geeignet, meine Ängste zu minimieren. Ich fühle mich dem Ganzen relativ hilflos ausgeliefert.

Gestern hatte ich eine Vorsorgeuntersuchung. Es war alles in Ordnung, sprich, mein Baby lebt. Die Untersuchung ergab, dass mein Baby seiner Zeit ein bis zwei Wochen voraus ist. Die Ärztin meinte dann lächelnd, dass ich mit einem Baby weit jenseits der 3500g-Marke rechnen könne. Dies veranlasste meinen Mann dazu, mich darüber zu informieren, dass er bei seiner Geburt 4300 g gewogen habe. Das freut mich natürlich ungemein. Nach einer anstrengenden Schwangerschaft wartet dann die Geburt eines Riesenbabys auf mich. Aber, auch das nehme ich natürlich gern auf mich, wenn mein Baby anschließend lebend in meinem Arm liegt. Mein Bauch wächst momentan recht schnell, sogar noch etwas schneller als bei Hendrik. Möglicherweise hängt das damit zusammen, dass dies nun die dritte Schwangerschaft in relativ kurzer Zeit ist.

Zugenommen habe ich noch nicht, allerdings wiege ich seit den Hormonbehandlungen, dem Rauchstopp vor drei Jahren und dem Frustessen nach der ersten Fehlgeburt derzeit ungefähr zehn Kilogramm mehr als üblich. Mein Endgewicht habe ich also quasi schon erreicht. Ich wäre daher nicht allzu böse, wenn ich nicht endlos an Gewicht hinzugewinnen würde, ich werde es aber auch nicht verhindern, wenn es eben so sein soll.

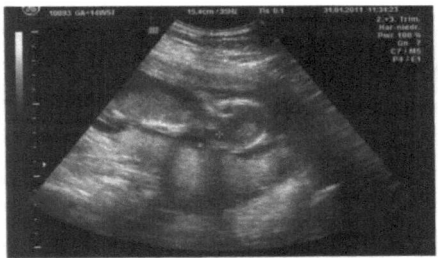

10.02.2011 (16+1)
Heute war ich im Kinderwunschzentrum zum Ultraschall. Mein Baby lebt. Damit lebt mein Bauchkind schon länger, als mein kleiner Hendrik. Ich bin sehr erleichtert. Trotz dieser ungeheuren Erleichterung war ich den ganzen Tag über sehr weinerlich. Ich ziemlich am Ende meiner nervlichen Belastbarkeit. Wie gerne würde ich meine Schwangerschaft einfach nur genießen, so wie Millionen andere „normale" Schwangere es tun. Aber irgendwie gelingt mir das mit meiner Vorerfahrung nicht so wirklich.

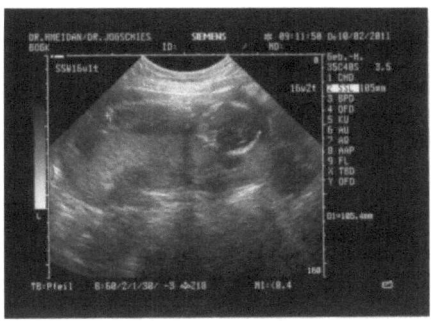

14.02.2011 (16+5)
Der Ultraschall heute war sehr schön. Es hat sich bestätigt, was wir schon seit längerem vermuteten: wir bekommen einen Jungen.

Der kleine Mann wiegt jetzt bereits 192 g und ist seiner Zeit nach wie vor voraus. Er hat während der Untersuchung einige Turnübungen absolviert. Dieser Anblick ließ mein Herz hüpfen. Ein schönes Bild gab es trotz aller Bemühungen nicht. Er hat sich immer weggedreht oder die Hände vor sein Gesicht gehalten. Er kommt dann wohl eher nach dem Papa. Der lässt sich nämlich auch nur höchst ungern fotografieren.

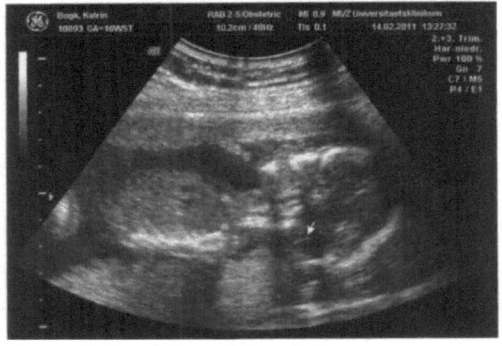

21.02.2011 (17+5)
Ich höre jetzt ab und an mal (ehrlich gesagt: täglich...) Babys Herztöne mit dem Angelsound ab. Der Angelsound ist ein Ultraschall-Fetal-Doppler, mit dem man die Herztöne des kleinen Bauchbewohners abhören kann. So kann ich immerhin vermeiden, dass meine regelmäßig aufkommende Angst nicht zur Panikattacke wird. Mittlerweile habe ich Übung mit diesem Gerät und finde den Herzton auf Anhieb. Anfangs habe ich ewig gesucht, was nicht direkt beruhigend war.

Seit letztem Donnerstagmittag war mir extrem übel und abends habe ich dann zum ersten Mal in meinen Schwangerschaften überhaupt intensive Bekanntschaft mit unserer Toilette schließen dürfen. Die Übelkeit hielt bis gestern an. Heute geht es mir wieder halbwegs gut.

Ab und an merke ich den Kleinen jetzt sogar schon, was mich sehr freut. Außerdem sind diese kleinen Stupser von innen sehr beruhigend.

Mein Bauch wächst enorm im Moment. Manchmal scheint er so schnell zu wachsen, dass die Haut gar nicht nachkommt und extrem juckt. Regelmäßiges Cremen verschafft mir zumindest ein bisschen Linderung. Ohne jede Gewichtszunahme ist mein Bauchumfang bereits auf von 70 cm auf 106 cm gewachsen Mein Mann fragt sich, wie der Bauch wohl gegen Ende der Schwangerschaft aussehen soll.

Endlich war ich mal wieder an Hendriks Grab. Ich hatte dort sogar eine halbe Stunde Ruhe. Üblicherweise treffe ich dort immer eine Menge andere Eltern, die ihre verstorbenen Kinder besuchen. Diesmal konnte ich ein bisschen vor mich hin denken. Es sieht alles sehr schön aus rund um Hendriks Grab und es beruhigt mich, dass er so einen schönen Platz gefunden hat, zusammen mit vielen anderen Kindern.

Beim heutigen Ultraschall war mein Baby wach und hat geturnt.

28.02.2011 (18+5)
Heute hatte ich eine Vorsorgeuntersuchung und eigentlich hatte ich mich - entgegen meiner sonstigen Gewohnheiten - darauf gefreut.

Meine Ärztin hat einen ausführlichen Ultraschall gemacht und bei meinem Baby ist alles in Ordnung. Er ist nach wie vor ein bis zwei Wochen größer, als er es vom Schwangerschaftsalter her sein müsste. Im Anschluss an den normalen Ultraschall folgte eine Doppleruntersuchung zur Überprüfung der Durchblutung der die Gebärmutter versorgenden Gefäße. Sie untersuchte die Gefäße eine ganze Weile und wurde dabei ruhiger und ruhiger und mir wurde es immer mulmiger zumute. Nach einer gefühlten Ewigkeit teilte mir meine Ärztin das Ergebnis ihrer Untersuchung mit ernstem Gesichtsausdruck mit:

Beginnendes Notching rechts.

Ich konnte zwar mit diesem Begriff nichts anfangen. Aber ihr Tonfall und ihr Gesichtsausdruck trugen nun wirklich nicht zu meiner Beruhigung bei.

Als Notching bezeichnet man die Darstellung einer erhöhten (sozusagen „buckeligen") Dopplerkurve in den Uteringefäßen. Das ist also eine Widerstandserhöhung im gedoppelten Gefäß. Diese resultiert zum Beispiel aus einer Plazentainsuffizienz. Die Plazenta wird in diesem Falle minderdurchblutet und das Baby nicht richtig versorgt. Wie man sich denken kann, ist dies mein persönliches Angstthema...

Im Anschluss an diese Aussage hat sie noch die Gefäße im linken Unterleib gemessen. Dort war glücklicherweise alles in Ordnung.

Nachdem diese Messung abgeschlossen war, sagte meine Ärztin, dass aufgrund des guten Wachstums meines Kindes ein Notching eigentlich ausgeschlossen sein müsste. Deswegen hat sie nochmal die Gefäße in meinem rechten

Unterleib gemessen. Diese Kontrollmessung ergab, dass auch rechts alles in Ordnung ist und ein Notching nicht vorliegt. Grundsätzlich sei dies aber bei mir ausgesprochen schwer zu messen, weil sich in meinem rechten Unterleib die Gefäße ungünstig überlagern.

Zwar ist nun alles in Ordnung mit meinem Baby und meiner Schwangerschaft, aber meine Laune lässt trotzdem zu wünschen übrig. Noch immer sitzt mir der Schreck in den Gliedern. Eigentlich wollte ich morgen Kinderwagen und Maxi Cosi bestellen, damit beides vor der Benutzung noch ausreichend auslüften kann. Allerdings ist mir - jedenfalls jetzt im Moment - ordentlich die Kauflaune vergangen. Während der Untersuchung habe ich die ganze Zeit gedacht: "Bitte bitte nicht. Bitte bitte keine schlechten Nachrichten. Nicht schon wieder..." Ich wäre am liebsten geflüchtet.

Vom Baby habe ich diesmal nicht viel gesehen außer dem Kopfumfang und dem Bauchumfang. Meine Ärztin macht nämlich immer erst die Messungen und dann anschließend zeigt sie mir mein Baby. Sie war allerdings selber so erleichtert nach dem Ausschluss des Notching-Verdachtes, dass sie mir sofort das Handtuch zum Abwischen auf den Bauch warf und das war es. Ein Ultraschallbild habe ich auch nicht bekommen.

06.03.2011 (19+4)
Unglaublich! In 3 Tagen ist Halbzeit! Ich spüre mein Baby jetzt schon relativ regelmäßig. Oft sind es nur ganz zarte Stupser aber manchmal spüre ich auch wilde Bewegungen im Bauch. Ich finde das immer sehr wunderbar und beruhigend. Momentan bin ich bin sehr glücklich. Morgens wache ich schon mit einem Lächeln auf. Immer, wenn ich an mein Baby denke, durchströmt mich ein warmes Glücksgefühl. Mein Bauch wächst und wächst und meine Schwester meinte vor

drei Tagen, dass mein Bauch locker Platz für Zwillinge bieten würde.

Mein Mann und ich wälzen unterdessen Vornamensbücher. Ich finde es gar nicht so leicht, einen passenden Namen zu finden. Schließlich ist so eine Namensgebung sehr endgültig und wir wissen im Moment noch gar nicht, wie unser Sohn sein wird und was er einmal gut finden wird. Wir suchen grundsätzlich nach einem recht klassischen Namen und hoffen, damit auch den Geschmack unseres Kindes zu treffen.

In vier Tagen sehen wir unseren Sohn wieder – dann haben wir unseren Termin zur Feindiagnostik.

Das Wetter wird jetzt immer schöner, bald ist Garten- und Terrassenwetter. Darauf freue ich mich schon ungemein. Auch heute ist wieder strahlender Sonnenschein und blauer Himmel, allerdings bei kühlen 0,5 Grad...

Der Autokindersitz steht nun schon oben im Kinderzimmer und nächste Woche wird der Kinderwagen geliefert. Wie ich mich darauf freue...

07.03.2011 (19+5)
Ich war heute im Kinderwunschzentrum zum Ultraschall.

Ursprünglich wollte ich den Termin absagen, aber nach dem Gruseltermin letzten Montag habe ich mir das ganz schnell anders überlegt.

So konnte ich heute endlich mal wieder ausführlich mein Baby sehen und danach ging es mir auch gleich viel besser. Heute habe ich endlich wieder ein paar Ultraschallbilder bekommen. Der Kinderwagen wurde heute geliefert. Ich habe fleißig aufgebaut und freue mich sehr.

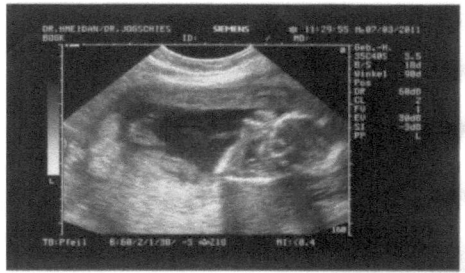

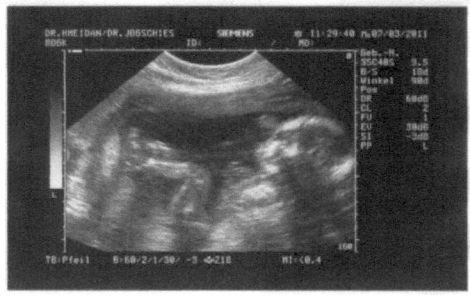

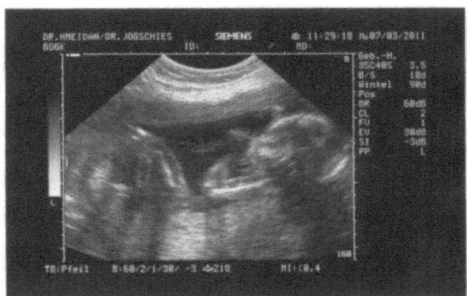

09.03.2011 (20+0) Halbzeit

Ich bin sehr froh, dass ich am Montag ein paar schöne Ultraschallbilder von meinem Sohn bekommen habe. Diese und auch die bisherigen Bilder nehme ich mir sehr oft zur Hand und betrachte sie. Vor allem dann, wenn die Angst in mir hochkriecht und mit kalter Kralle an mein Herz fasst. In diesen Momenten stärken mich diese Bilder. Ich sehe sie mir an und spüre sofort diese tiefe Liebe und ein wohliges Gefühl der Zuversicht.

Das Kinderzimmer ist im Grunde nun auch vorbereitet für den Einzug meines kleinen Sohnes. Wir haben ein Bettchen, einen Schrank und einen Stubenwagen vorbereitet. Es ist alles so niedlich anzusehen. Natürlich habe ich auch ein wenig dekoriert und mir fließt jetzt schon mein Herz über vor lauter Freude, wenn ich mir vorstelle, dass demnächst ein neues Leben mit uns ist, das wir sehen und anfassen können.

Heute habe ich Halbzeit. Die ersten 20 Wochen der Schwangerschaft sind absolviert. Ich bin so glücklich, es nun schon so weit geschafft zu haben. Manchmal bin ich regelrecht überwältigt vor Glück!

In zwei Wochen ist endlich die Ausschleichphase des Cortisons geschafft. Ich reduziere wöchentlich um eine viertel Tablette. Das ist recht lustig, so eine winzige Tablette in Viertel zu zerteilen. Teilweise nehme ich Tablettenstaub zu mir. Wenn das Cortison ausgeschlichen ist, wird die Utrogestmenge ganz langsam reduziert werden. Ich bin sehr froh, dass meine Ärztin bezüglich der Medikamente und deren Reduzierung eher vorsichtig ist und ich fühle mich damit besser und vor allem sicherer. Sie vermittelt mir durch ihr kompetentes Auftreten eine große Sicherheit.

Den krassen Gegensatz erlebte ich vor ein paar Tagen im Kinderwunschzentrum. Die mir offenbar nicht sonderlich zugetane Sprechstundenhilfe, die mir bereits an Weihnachten das Leben erschwert hat, wollte mir mein Utrogest-Rezept verweigern mit den Worten: „Also das hätten sie doch schon lange weglassen müssen!" Ich bin nicht sicher, ob die Dauer der Einnahme von schwangerschaftsunterstützenden Medikamenten bei Risikoschwangerschaften tatsächlich zu ihrem Kompetenzbereich zählt. Jedenfalls habe ich schließlich mein Rezept bekommen. Den Freundlichkeitspreis hätte ich an diesem Tag jedoch nicht gewonnen.

10.03.2011 (20+1) Feindiagnostik

Ich bin so froh, dass sich nun doch noch alles zum Guten zu wenden scheint. Das hätte ich nach Hendriks Tod nicht zu hoffen gewagt. Es erscheint mir wie ein Wunder, dass gleich die nächste ICSI nach der stillen Geburt wieder zu einer Schwangerschaft geführt hat. Dass diesmal alles gut verläuft ist für mich wie mehrere Sechser im Lotto mit Zusatzzahl. Bestimmt hat Hendrik seine Händchen im Spiel, ich glaube fest daran.

Die heutige Feindiagnostik war zum Glück sehr angenehm. Der kleine Mann scheint eine recht vergnügliche Behausung zu haben. Er „sitzt" nunmehr in meinem Bauch und lässt sich durch die Gegend schaukeln. Beim Termin vor eineinhalb Wochen lag er noch in Schädellage. Ab und an „saß" er im Schneidersitz drinnen und es schien ihm sehr gemütlich zu sein. Sehr erstaunlich fand ich, dass die Ärztin beim Schallen des Köpfchens den Ultraschallkopf kurz unter meinen Rippen gehalten hat. Also ganz weit oben. So riesig hatte ich mir das alles gar nicht vorgestellt. Auffälligkeiten waren glücklicherweise nicht zu entdecken Ausgehend von der Femurlänge hat der kleine Mann eine Gesamtlänge von stolzen 22 cm. Auch die Durchblutung war vollkommen in Ordnung, was mich extrem erleichtert hat. Leider war mein Sohn nicht in Fotolaune. Er hat immer seine kleinen Händchen vor dem Gesicht gehabt. Insofern hatten wir nicht viel vom kurzen Umschalten auf 3D. Aber süße Patschehändchen hat er, das wissen wir jetzt genau. Ich bin sehr froh und erleichtert. Man hat ja doch immer ein wenig Angst, dass bei so einer Untersuchung etwaige Unregelmäßigkeiten aufgedeckt werden. Mein Mann war auch ganz ergriffen und stolz und froh.

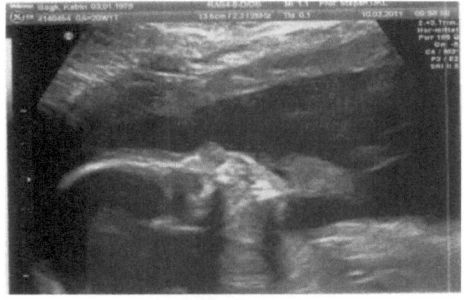

Ultraschall Profil des Köpfchens

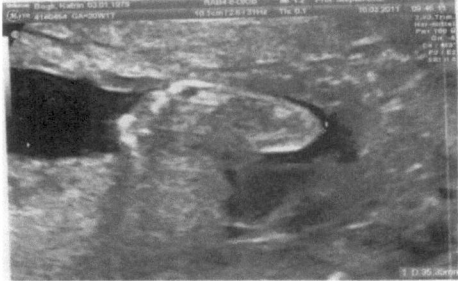

Ultraschall des Fußes

19.03.2011 (21+3)

Momentan geht es mir gut. Ich erfreue mich derzeit fast ohne große Angst an meiner Schwangerschaft. Mein Baby tritt ab und zu ordentlich zu, aber er hat auch über den Tag verteilt längere Ruhephasen. Mein Bauch ist schon riesig und wächst stetig weiter. Dem geschuldet ist vermutlich mein derzeitiger Dauerhunger. Stellt euch vor, ihr esst und esst und esst und werdet einfach nicht satt. Das ist sehr krass und ich weiß schon gar nicht mehr, was ich machen soll. Ich versuche, noch mehr zu trinken als sonst, um dieses andauernde Hungergefühl zumindest etwas zu dämpfen.

129

22.03.2011 (21+6)

Heute hatte ich wieder eine Vorsorgeuntersuchung bei meiner Gynäkologin. Mein Sohn ist jetzt schon 28 cm lang und wiegt ca. 550 g. heute gab es überraschenderweise mal ein schönes Profilbild.

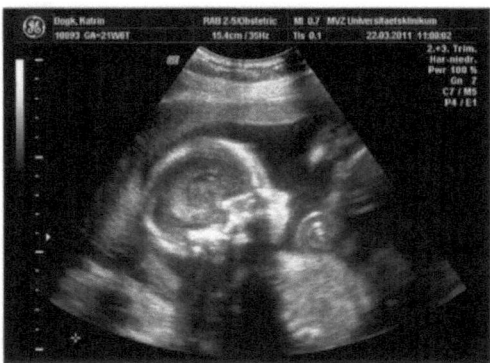

Ich bin total verliebt in den kleinen Schatz...

07.04.2011 (24+1)

Heute vor genau einem Jahr war die Punktion zur ICSI, aus der Hendrik entstanden ist. Ich habe sehr viel an ihn denken müssen heute. Ich bin so dankbar, dass ich ihn hatte und habe und auch dafür, dass ich jetzt wieder schwanger bin und alles gut verläuft.

11.04.2011 (24+5)

Bei uns war ziemlich viel los in den letzten Tagen. Neben den allgemeinen Herausforderungen des Alltags und zusätzlichen Hürden war der 07.04., also der Jahrestag der Punktion für Hendriks ICSI, durchaus eine große emotionale Herausforderung für mich. Glücklicherweise geht es meinem Baby sehr gut. Er strampelt fleißig vor sich hin. Interessant ist auch, dass auf irgendeine Art schon eine Art „Kommunikation" zwischen ihm und mir stattzufinden scheint. Jedenfalls strampelt er immer sofort los, wenn ich anfange, mich zu fragen, wann er das letzte Mal getreten hat. In solchen Momenten tritt er oft besonders heftig zu als wolle er auf Nummer sicher gehen, dass ich es auch merke. Das zaubert mir immer ein Lächeln aufs Gesicht. Ich bin so froh und dankbar, dass ich wieder schwanger bin und dass jetzt alles so gut läuft.

12.04.2011 (24+6)
Heute hatten wir einen 3-D-Ultraschall:

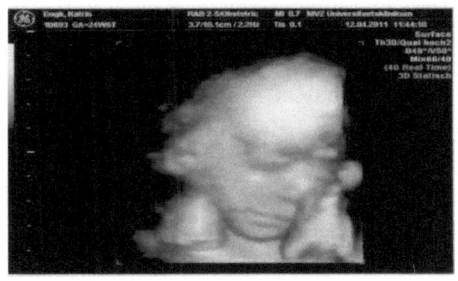

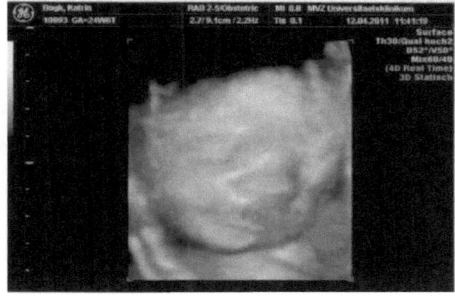

18.04.2011 (25+5)
Letzte Woche hatte ich eine sehr unangenehme Nachbesprechung zum Zuckertest. Mein Langzeitzuckerwert ist wohl nicht ganz in der Norm. Die zuständige Ärztin hat

meine Schilddrüse geschallt und kam zu dem Ergebnis, dass diese wohl zu klein wäre und das sei wohl total gefährlich und berge ein hohes Fehlgeburtsrisiko.

Nach einer Fehlgeburt in der 11. Woche und einem Spätabort in der 17. SSW hört man das natürlich sehr gern und bleibt auch total entspannt. Nicht. Wie man sich vorstellen kann, war das mehr als schlimm für mich.

Im Zuge dieses Gespräches wurden nochmal meine Blutwerte und die Schilddrüsenwerte bestimmt. Selbige waren aber in Ordnung, so dass ich mir nun wohl doch keine Sorgen machen muss.

Die Werte werden in 4 Wochen wieder kontrolliert und in 8 Wochen soll ich noch einmal zum Zuckertest. Jedenfalls habe ich diesen üblen Schreck mittlerweile verdaut und jetzt geht es mir wieder gut.

Ich spüre den kleinen Mann regelmäßig und das ist so schön. Jetzt sind es nur noch 100 Tage bis zum errechneten Entbindungstermin.

19.04.2011 (25+6)
Immer diese Alpträume. Ich träume, dass ich meinen kleinen Prinzen auch wieder hergeben musste. So wie Hendrik. Und dann suche ich nach der besten Variante, mich umzubringen. Darüber wache ich dann auf.

30.04.2011 (27+3)
Immer wenn ich morgens aufwache, bin ich unendlich glücklich, weil der kleine Prinz boxt und sich bemerkbar macht. Heute Morgen hat er vermutlich Schluckauf gehabt. Gestern habe ich Unmengen an Mullwindeln, Mullwaschlappen und Moltontüchern gebügelt. Ich freue

mich so sehr auf meinen Sohnemann. Das ist noch so unglaublich, dass unser Traum vom eigenen Kind jetzt endlich wahr wird. Ich freue mich schon sehr auf den Ultraschall nächste Woche. Bin so gespannt, wie groß der kleine Prinz nun schon ist und wie schwer

02.05.2011 (27+5)
Bei uns ist alles in Ordnung. Der kleine Prinz macht sich regelmäßig bemerkbar, was mich sehr glücklich macht. Wenn ich mal eine Weile zu lange Ruhe habe im Bauch, dann höre ich mit dem Angelsound in meinen Bauch und schon bin ich beruhigt. Ohne meine schlimmen Vorerfahrungen wäre ich wahrscheinlich ein ganzes Stück ruhiger und ich muss zugeben, ein schlechtes Gewissen habe ich schon, wenn ich das Gerät an den Bauch halte. Aber laut der Bedienhinweise soll es nicht schaden und ich benutze es nur ca. eine halbe Minute lang.

In der übernächsten Woche wird mein Geburtsvorbereitungskurs beginnen. Ich bin schon sehr gespannt. Ende Mai gehen wir zur Kreissaalbesichtigung. Ich habe mich schon für ein Krankenhaus entschieden. Wir haben zwei gute Krankenhäuser hier in der Nähe. In dem einen habe ich meinen Hendrik still geboren und ich habe große Probleme damit, das Krankenhaus überhaupt zu betreten. Eine Entbindung dort ist folglich für mich ausgeschlossen. Folglich bleibt nur das andere Krankenhaus. Wir wollen zwar nicht am sogenannten "Kreissaaltourismus" teilnehmen, aber wir denken, dass es ganz gut ist, die Räumlichkeiten vorab schon mal gesehen zu haben. Ist vielleicht ein bisschen beruhigender...

03.05.2011 (27+6)
Heute habe ich aufgrund meiner Blutgruppe die Anti-D-Spritze bekommen und es wurde ein CTG geschrieben.

Dieses war ohne Auffälligkeiten. Beim Ultraschall war auch alles bestens. Der Kleine Prinz wiegt mittlerweile 1340 g und ist 40,3 cm lang. Vor drei Wochen war er noch 33 cm lang und wog knapp 800 g. Er ist seiner Zeit damit 2-3 Wochen voraus. Die Ärztin meinte, wenn man den Zeugungszeitpunkt nicht so genau kennen würde, dann würde man meinen, dass ein Rechenfehler vorliegt. Von den Messdaten könnte er laut meiner Ärztin locker für die 31. SSW durchgehen.

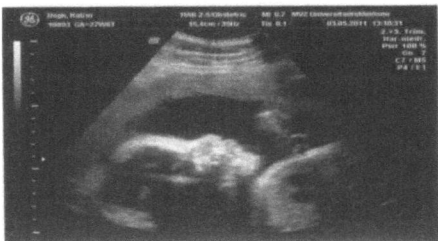

Zugenommen habe ich insgesamt 5 kg, was ich für die Ende der 28. SSW ok finde.

10.05.2011 (28+6)

Momentan versuche ich, meine Gedanken in ganz positiver Art und Weise auf den kleinen Prinzen zu lenken. Ich bin sehr dankbar, dass er sich so gut entwickelt und langsam beginne ich daran zu glauben, dass wir demnächst tatsächlich ein lebendes eigenes Kind im Arm halten werden. So richtig traue ich dem Ganzen allerdings nach wie vor nicht. Wahrscheinlich ist es aber normal, dass ich es erst glaube und wirklich begreife, wenn ich den kleinen Mann im Arm halte. Heute beginnt mein Geburtsvorbereitungskurs.

17.05.2011 (29+6)

Heute war ich bei der Schwangerschaftsvorsorgeuntersuchung. Das CTG war bestens. Beim Ultraschall stellte sich heraus, dass sich mein Sohn in die Schädellage gedreht hat, er also nun „richtig" liegt. Vorher war ich – im Nachhinein betrachtet – doch recht glücklich mit der Beckenendlage und der Aussicht auf einen Kaiserschnitt.

Ich habe so Panik, dass unter einer normalen Geburt etwas passiert. Mir wäre es am allerliebsten, wenn so zeitig wie irgend möglich mein Kind per Kaiserschnitt geholt werden könnte und ich ihn lebend im Arm halten kann. Ich hab so schreckliche Angst, dass noch irgendetwas passiert. So wie mit Hendrik. Plötzlich war er tot. Wer garantiert mir denn, dass meine Gerinnung die Ursache für die Plazentainsuffizienz und damit Hendriks Tod war? Wer kann denn garantieren, dass es nicht noch eine andere Ursache gibt und sich das ganze wiederholt? Mir wollen immer alle (Frauenärztin, Hebamme, Familie) einreden, dass ich jetzt in der Dreißigsten Schwangerschaftswoche „auf der Sicheren Seite" wäre. Aber meine Erfahrung hat mich gelehrt, dass ich mich gerade nicht darauf verlassen kann, dass schon alles gut gehen wird. Ich bin so fertig im Moment. Mir geht es gar nicht gut. Was soll ich denn machen? Auf einen Wunschkaiserschnitt so zeitig wie möglich drängen? Ab welcher Schwangerschaftswoche kann man überhaupt frühestens einen Wunschkaiserschnitt machen? Oder doch der Natur ihren Lauf lassen und versuchen, darauf zu vertrauen, dass eine natürliche Geburt das Beste für mein Kind ist? Ich fühle mich total hilflos.

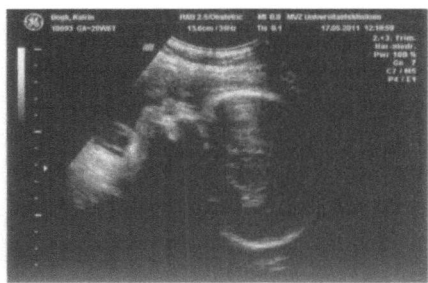

19.05.2011 (30+1)

Meine Gynäkologin hat bei der letzten Vorsorgeuntersuchung am Dienstag folgendes eingeschrieben: Hinterwandplazenta II. Grades - also Grannum/Verkalkung 2. Grades.

Da bin ich natürlich gleich nochmal in Panik verfallen - bei meiner Vorgeschichte mit einem Plazentakomplettausfall wohl irgendwie verständlich, oder? Ich fand es auch irgendwie merkwürdig, dass mir die Ärztin dazu nichts gesagt hat, sondern ich das dann zufällig beim Nachlesen im Mutterpass entdecken musste. Es gibt nach meinen Recherchen nur drei Verkalkungsgrade der Plazenta. Daher finde ich Grad 2 Ende der 30. SSW doch schon recht erheblich. Hinzu kommt, dass mein kleiner Prinz in den letzten zwei Wochen insgesamt nur 200g schwerer geworden ist. Laut Ärztin legen die Kleinen aber ca. 200g pro Woche zu.Die anderen Parameter (Bauchumfang, Kopfumfang, Femur etc.) sind ganz normal weitergewachsen.

Ich habe gestern nochmal mit meiner Hebamme telefoniert, und die will heute nochmal in meine Akte schauen und macht jetzt wöchentlich mit mir CTG.

Trotzdem bin ich stark verunsichert. Erstens finde ich es nicht so gut, dass meine Ärztin den Befund mit keinem Wort erwähnt hat und dass ich das so zufällig im Mutterpass entdecke. Ist doch klar, dass ich da unruhig werde bei der Vorgeschichte. Und zweitens weiß ich jetzt nicht, wie besorgniserregend eine Verkalkung 2. Grades in dieser Schwangerschaftswoche ist.

Nächsten Mittwoch habe ich einen Termin zur Geburtsplanung. Mal schauen, was die Ärzte sagen bei diesem Termin zu dem Thema Verkalkung sagen.

31.05.2011 (31+6)

Heute bin ich bei 31+6 angekommen. Wahnsinn. Ich bin immer wieder erstaunt, wenn ich die Zahlen sehe, dass wir tatsächlich so weit gekommen sind. Dafür bin ich unendlich dankbar...Es sind nur noch 57 Tage bis zum errechneten Entbindungstermin...

Es ist viel passiert in den letzten Tagen. Letzte Woche Mittwoch war ich beim Geburtsplanungsgespräch im Krankenhaus. Die Hebamme und die Stationsärztin haben sich wahnsinnig viel Zeit für mich genommen. Zunächst hat die Hebamme das Aufnahmegespräch durchgeführt und die Anamnese erhoben. Danach kam die Stationsärztin und wir haben alles sehr ausführlich besprochen. Grundsätzlich wäre ein Kaiserschnitt bei 38+0 kein Problem. Jedoch wollen sie mich alle motivieren, dass ich vielleicht doch durchhalte bis zur normalen Geburt und auch selbige durchstehe. Zu diesem Zweck soll meine Psyche gestützt werden. Ich kann nun zweimal pro Woche zum CTG, wenn ich das möchte. Das werde ich mir noch überlegen. Ich bin ja im Moment einmal pro Woche zum CTG und momentan reicht mir das im Grunde. Aber ich denke noch drüber nach. Ich will versuchen, alle Angst und Panik zu vermeiden.

Letzten Montag musste ich nach dem CTG auch noch überraschend zu meiner Gynäkologin und diese hat mich intensiv befragt zu meiner Psyche. Meine Hebamme hatte ihr offenbar gesagt, dass die Situation für mich immer belastender wird und ihr auch erzählt, dass mein Schwiegerpapa so schwer krank ist und dass mich das mitnimmt. Und dass ich dadurch ständig mit dem Tod konfrontiert bin.

Meine Ärztin war absolut verständnisvoll und hat mir versichert, dass sie alles, was ich möchte (Kaiserschnitt etc.) begleitend unterstützt. Und dass sie mich voll versteht und ihr bewusst ist, wie schwierig das alles für mich ist aufgrund des Verlustes von Hendrik. Das hat mir sehr gut getan und mich wieder sehr positiv motiviert.

Gestern habe ich ihr dann auch anvertraut, warum eine Geburt in der Uniklinik für mich nicht in Frage kommt. Auch das hat sie verstanden. Manchmal ist es doch gut, wenn man sich öffnet und einfach mal darüber redet.

Im Krankenhaus wurde unser kleiner Prinz vermessen und er ist jetzt schon knapp 46 cm lang und ca. 1,9 kg schwer.

Gestern habe ich noch zwei schöne 3-D-Bilder bekommen. Es ist sehr beeindruckend, was die Technik so alles möglich macht…

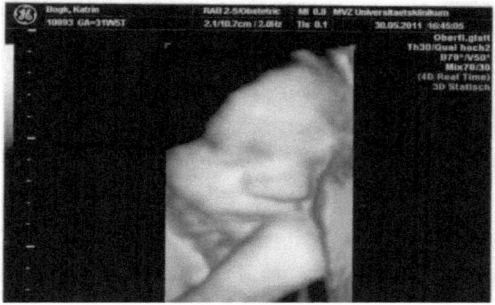

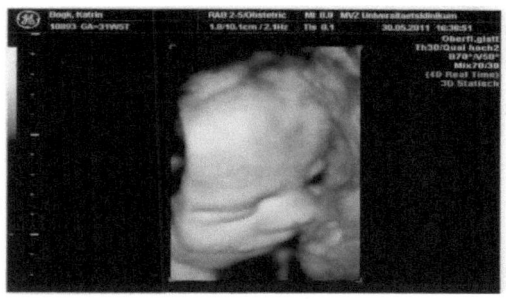

06.06.2011 (32+5) nur noch 51 Tage

Was mein Baby betrifft läuft alles gut. Mein Bauchumfang liegt mittlerweile bei 125 cm. Allerdings stagniert mein Gewicht seit Wochen. Lediglich der Bauch wächst enorm. Ich habe von Beginn der Schwangerschaft an bis jetzt 7 kg zugenommen .esse eigentlich nicht wenig, so dass ich überrascht bin, dass das Gewicht so im Rahmen liegt angesichts der Ausmaße meines Bauches. Meine Hebamme findet das in Ordnung. Sie meinte nur, dass mein Körper jetzt wahrscheinlich auf „normal" umschaltet seit ich kein Cortison mehr nehmen muss. Mir soll es recht sein.

Heute hatte ich einen Vorsorgetermin bei meiner Hebamme. Leider stellte sich beim CTG heraus, dass ich Wehen hatte. Daraufhin musste ich unplanmäßig zur Ärztin und sie fragte mich, ob ich unter einer erhöhten psychischen Belastung stehen würde.

Die gute Nachricht heute war, dass es dem kleinen Prinzen laut CTG bestens geht. Und damit das so bleibt, werde ich mir die Worte meiner Ärztin zu Herzen nehmen, alles ganz langsam angehen und mir ganz viele positive Gedanken machen. Ich will auf keinen Fall, dass irgendetwas passiert mit meinem Kind. Mir hat die schlimme Erfahrung mit Hendrik gereicht und diesmal will ich so wenig Stress wie möglich. Das ist natürlich alles leicht gesagt in der Situation. Aber irgendwie muss und will ich das schaffen.

09.06.2011 (33+1)
Nach dem Schreck mit den Wehen am Montag beim CTG scheint sich jetzt langsam alles wieder zu beruhigen. Ich versuche, möglichst viel Ruhe zu halten und mich zu entspannen. Ich versuche jetzt, überwiegend positive Gedanken zu haben und vorrangig an meinen kleinen Prinzen zu denken.

Gestern waren wir bei einem erste-Hilfe-Kurs für Säuglinge und Kleinkinder. Dort wurde eine ganze Menge Theorie vermittelt und wir haben die verschiedenen Maßnahmen in Notfällen an einer Rettungspuppe üben können. Vor allem die Wiederbelebung bei Säuglingen funktioniert ganz anders als bei Erwachsenen. Jetzt fühlen wir uns sicherer und hoffen natürlich, dass wir nichts davon jemals anwenden müssen. Einen solchen Kurs kann ich absolut empfehlen.

Auch weiterhin stagniert mein Gewicht seit Wochen bei ca. + 6 bis 7 kg. Allerdings wird der Bauch immer größer.

10.06.2011 (33+2)
Heute habe ich den Zuckerbelastungstest erfolgreich absolviert. Das war eine durch und durch unangenehme Erfahrung. Insgesamt habe ich die Woche mit sehr viel Ruhe ganz gut überstanden. Sämtliche Verabredungen habe ich abgesagt und ich habe den Eindruck, dass dies meinem Bauch gut getan und sich alles wieder beruhigt hat.

14.06.2011 (33+6)
Heute war ich wieder bei einer Vorsorgeuntersuchung. Alles war soweit in Ordnung. Der "Kleine" ist mittlerweile 49

cm lang und wiegt um die 2,3 kg. Er wird also eher lang. Es sind ja auch "nur" noch 6 Wochen, mal sehen, wo er noch so hinwächst - und mal sehen, ob sich diese ganzen Messungen dann "in echt" auch bewahrheiten.

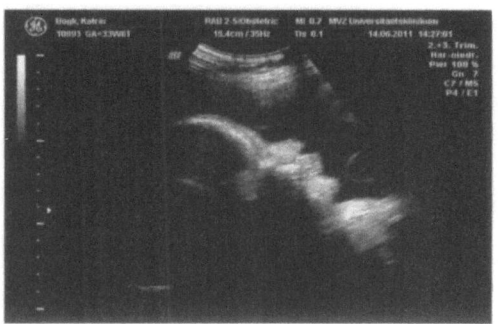

16.06.2011 (34+1)

Mir geht es momentan nur halbwegs gut. Ich ruhe mich viel aus, da nach wie vor der Bauch sehr hart wird, sobald ich mich bewege. Heute konnte ich nicht einmal das Hundegassi übernehmen, weil ich starke Kreislaufprobleme hatte. Mir war heute früh regelrecht schwarz vor Augen. Eine Teilursache liegt sicher auch in der Hitze.

22.06.2011 (35+0) - nur noch 35 Tage

So langsam wird mir bewusst, dass es nun bald heißt: Abschied nehmen und Willkommen heißen.

Abschied nehmen von der Schwangerschaft, vom heißgeliebten Babybauch, von den Terminen rund um die Schwangerschaft, kurzum: von einem ganz besonderen, sehr lange herbeigesehnten Lebensabschnitt.

Wie schwierig war es, diese Schwangerschaft herbeizuführen und sie „durchzustehen".

Diese Behandlung mit all ihren „Nebenwirkungen", die Termine im Kinderwunschzentrum, dieses Sitzen im Wartezimmer, das Hoffen auf möglichst viele gute Eizellen, später das Hoffen auf eine gute Befruchtungsrate, die schwierige Entscheidung, ob wir zwei oder drei Embryonen zurücknehmen, das bange Warten auf einen positiven Schwangerschaftstest, diese Riesenfreude, als sich 11 Tage nach der Punktion ein hauchzartes Strichlein auf dem Schwangerschaftstest zeigte…

Tausend Ängste haben mich begleitet und begleiten mich immer noch.

Diese allumfassende Angst, auch diesem kleinen Prinzen könnte etwas Schlimmes passieren in meinem Bauch, so wie es Hendrik ergangen ist, hat mir so manch schlaflose Nacht bereitet.

Ich liebe dieses in mir wachsende Kind über alles. Und das schon von Anfang an. Unser kleiner Prinz ist so sehr gewünscht und so sehr ersehnt. Ich hoffe, er spürt schon jetzt, dass er unendlich geliebt wird.

Jetzt sind es noch fünf Wochen bis zum errechneten Termin und ich kann kaum begreifen, dass wir es tatsächlich so weit geschafft haben. Der längste Teil des Weges zum Wunschkind liegt bereits hinter uns. Bald werden wir unseren kleinen Prinzen im Arm halten. Das ist unfassbar und ich bin so glücklich.

Dann beginnt ein neuer Lebensabschnitt. Und ich freue mich so sehr darauf.

Dennoch begleitet mich in diesen Tagen auch ein kleines bisschen Wehmut. Denn ich werde mit der Geburt Abschied nehmen von meinem in meinen Augen wirklich schönen Babybauch. Das wird aller Wahrscheinlichkeit nach meine letzte Schwangerschaft sein. Ich werde dieses Wachsen und das herrliche Strampeln in meinem Bauch nicht noch einmal erleben. Denn die Tortur einer Kinderwunschbehandlung möchte ich mir nicht noch einmal antun. Ich bin dankbar, dass wir überhaupt das Glück hatten, dass die Behandlung bei uns erfolgreich war.

Aber ich habe es erlebt und ich erlebe es noch und dafür bin ich dankbar. Und wenn der kleine Prinz – wie jetzt im Moment – so herrlich strampelt in meinem Bauch, könnte ich wahrlich glücklicher nicht sein. Er reckt und streckt sich und manchmal spüre ich ein kleines Füßchen. Oft macht er sich ganz steif und presst seinen Rücken oder Po ganz weit raus, so dass ich ihn richtig spüre. Abend hat er oft und lange Schluckauf. Das tut mir immer total leid, weil es ihn da so schüttelt. Er ist sogar einmal erschrocken, als im TV ein lautes Geräusch war, da hat er sich richtig erschreckt und ist zusammengezuckt.

Ich bin froh, dass wir diesen Weg der Kinderwunschbehandlung gegangen sind. Ich bin mir sicher, dass unser kleiner Hendrik Leander seine winzigen Fingerchen im Spiel hatte und uns allen ein großer Schutzengel war und ist. Er hat ganz sicher diese Schwangerschaft bewacht und wird seinen Bruder dessen Leben lang beschützen.

Es lohnt sich also doch zu kämpfen. Auch wenn der Kampf ums Wunschkind ein sehr langer war. Der Weg war bisher sehr steinig und tränenreich und von vielen Rückschlägen gepflastert. Doch wir haben gekämpft und jetzt können wir uns auf die Geburt unseres Prinzen freuen.

Ich glaube mittlerweile, dass uns nach allem, was wir durchgemacht haben, nichts Schlimmes mehr passieren kann.

24.06.2011 (35+2)

Psychisch geht es mir wider Erwarten im Moment immer besser. Seit einigen Tagen habe ich nicht mehr von Totgeburt, Verlust und ähnlich schlimmen Dingen geträumt. Anscheinend gewinne ich jetzt im Endspurt doch noch Vertrauen in diese Schwangerschaft und vor allem meinen Körper - wer hätte das gedacht.

Endlich kann ich das Ganze auch mal ein wenig genießen. Das habe ich mir die ganze Zeit schon so gewünscht.

29.06.2011 (36+0)

Die Angst ist leider wieder da. Aber zunächst berichte ich von meiner gestern stattgefundenen Vorsorgeuntersuchung: Das CTG war wieder vorbildlich (10 Punkte). Im Ultraschall war alles bestens, die Versorgung auch. Unser kleiner Prinz ist knapp 51 cm lang und wiegt 2.750 g. Er hat wohl schon ordentlich Haare, eine kleine süße Steckdosennase und ordentlich trainierte stramme Waden.

Heute ist der Termin zur endgültigen Festlegung der Geburt im Krankenhaus. Nach wie vor bin ich unentschlossen, ob ich nun einen geplanten Kaiserschnitt vor dem errechneten Termin machen soll, oder ob ich abwarte, bis die Geburt von selber losgeht.

Ich habe Angst, dass auf den letzten Metern noch etwas schiefgeht. Obwohl diese Angst ganz sicher unbegründet ist, denn es läuft alles bilderbuchmäßig mit dieser Schwangerschaft. Und für mein Baby ist es ganz sicher das Beste, wenn man ihn „ganz normal" zur Welt kommen lässt. Mir kann leider keiner eine Garantie geben…

05.07.2011 (36+6)

Gestern hatte ich einen weiteren Termin im Klinikum. Diesmal mit der Oberärztin, weil ich gerne einen „Wunschkaiserschnitt" haben wollte. Zwar hat sie auch erkannt, dass bei mir diverse Risiken vorliegen (Gerinnung, B-Streptokokken, traumatische Vorgeschichte, sehr großes Kind), aber das sprach nach ihrer Meinung alles nicht gegen eine Spontangeburt. Sie hat es sich auch nicht nehmen lassen, mir mehr als ausführlich die diversen und noch so unwahrscheinlichen Komplikationen, die ein Kaiserschnitt so mit sich bringen kann, zu schildern.

Erst als ich dann anfing zu heulen, hat sie erkannt, dass in mir einfach eine riesengroße Panik ist, dass auf den letzten Metern noch etwas schiefgeht. Sie hat mir dann einen Kaiserschnitt für nächsten Mittwoch (13.07.) vorgeschlagen. Das ist mir aber nun echt zu früh, das wäre ja bei 38+0. Außerdem ist am 14.7. Hendriks Jahrestag, das kann ich emotional auch nicht, wenn ich es schon planen kann.

Nun ja, wir haben uns dann auf den 20.7. bei 39+0 geeinigt.

Irgendwie habe ich mich gestern aber so überhaupt nicht wohl gefühlt in dieser Klinik. Vor allem habe ich mich komplett unverstanden gefühlt. Hinzu kommt, dass wirklich alle, die in jüngster Zeit dort entbunden haben, ihre Unzufriedenheit geäußert haben. Das spricht für mein Empfinden auch nicht gerade für dieses Haus.

Die vergangene Nacht war ich dann mehr oder weniger schlaflos, weil mich das alles irgendwie nicht hat zur Ruhe kommen lassen.

Heute war ich dann zum CTG und meine Hebamme hat schon gemerkt, dass es mir nicht gut ging. So hat sie mich dann bisschen ausgequetscht und ich hab ihr meine gestrigen Erlebnisse im Krankenhaus erzählt - unter Tränen versteht sich. Ich war fix und fertig.

Diese und nächste Woche ist gerade die Oberärztin von der Uniklinik als Vertretungsärztin in meiner Gyn-Praxis, die damals die Nachbetreuung nach Hendriks Tod gemacht hat. Sie hat damals die Praxis betreut (ist ein medizinisches Versorgungszentrum der Uniklinik). Meine Hebamme hat offenbar sofort mit ihr geredet und die Ärztin kam dann gleich zum CTG und hat mich nochmal zu sich gebeten. Um mich erstmal wieder fröhlich zu stimmen, hat sie einen 3-D-Ultraschall gemacht und die Durchblutung gemessen. Beim 3-D haben sie mich auch echt aufgemuntert. Sie haben sich nämlich vor Lachen halb weggeschmissen, weil der kleine Prinz so propper ist. Meine Hebamme meinte, dass wir dann nicht nur einen Ridgeback im Haus hätten nach der Geburt, sondern auch noch einen Mops.

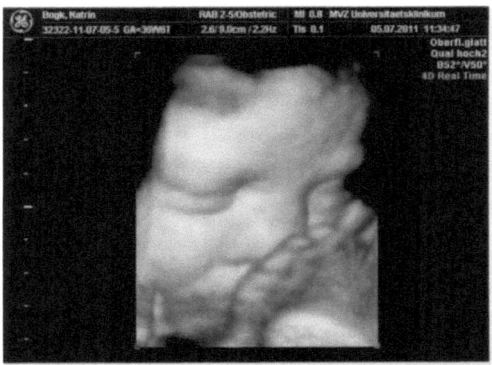

Naja nach derlei Zerstreuung hat mir die Ärztin dann angeboten, dass ich jederzeit von ihr einen Kaiserschnitt bekomme. Ich muss mich überhaupt nicht auf ein Datum festlegen, sondern kann heute sagen, dass es morgen losgehen soll. Und sie würde den Kaiserschnitt dann auch durchführen und ein Einzelzimmer bekomme ich in jedem Fall. Der einzige Wermutstropfen ist, dass ich mich in die Uniklinik begeben muss, wo auch Hendrik geboren ist. Aber sie hat heute auch erzählt, dass die Schwester, die mich emotional federführend gequält hat, unter anderem aufgrund meines Beschwerdebriefes unterdessen gekündigt ist. Und ich käme auch auf eine ganz andere Station als damals. Ihr vertraue ich und daher werde ich mich überwinden und nun doch in die Uniklinik gehen.

Und seit dem Gespräch mit dieser Ärztin heute Mittag geht es mir wieder gut...

Ich gehe davon aus, dass ich es mit der Möglichkeit des jederzeitigen Kaiserschnitts im Hinterkopf schaffe, eine Spontangeburt abzuwarten.

Gestern maß mein Sohn stolze 3408 g und hat eine ungefähre Länge von 51 cm.

Ich habe 8 kg zugenommen –an mir liegt es also nicht, dass er so propper ist. Ich habe ein paar vereinzelte Wehen und erhoffe mir nun, dass es bald mehr wird.

Endlich durfte ich nun das Utrogest und das Magnesium absetzen. Beide Mittel halten die Gebärmutter ruhig und so denke ich, dass auf diese Weise vielleicht demnächst doch Wehen kommen könnten. Nächste Woche muss es noch nicht sein, aber vielleicht in der Woche darauf, das wäre toll. Nun muss ich nur noch die Kliniktasche packen und ein paar Kleinigkeiten fürs Baby waschen. Darüber hinaus sind wir bereit für unseren Sohn.

11.07.2011 (37+5)

Ich habe die halbe Nacht Alpträume gehabt und geträumt, dass mein Baby tot ist und mein Bauch ganz leer ist. Ich habe gerade einen Heulkrampf und ich weiß einfach nicht, was ich machen soll und wie ich mich beruhigen soll. Ich will nicht auch noch dieses Kind verlieren. Gerade hat mein Vater angerufen und gemeint, ich soll das Positive in den Vordergrund stellen und die negativen Gedanken damit vertreiben. Na wenn das doch nur so einfach wäre, dann würde es mir ja dauernd bestens gehen. Dann könnten alle traumatisierten Menschen beispielsweise auf einen Psychologen verzichten und sich nur durch Gedankenkraft selber heilen. Selbstverständlich ist mir klar, dass mein Papa es gut meint, wenn er solche Sätze spricht. Es hilft mir nur leider nicht. Mir wäre nichts lieber als dass ich rein durch die Kraft meiner positiven Gedanken meine Ängste vertreiben könnte.

Ich habe einfach nur eine grauenvolle Angst und ich bin langsam am Ende meiner Kräfte angekommen. Am Donnerstag ist auch noch Hendriks Jahrestag und ich muss jetzt auch ganz viel an meinen Erstgeborenen denken. Ich habe das Gefühl, dass keiner mich versteht. Alle walzen wie die Dampfmaschinen über meine Seele und ich bin ganz alleine mit meiner Angst. Zum Glück strampelt der kleine Mann heftig in mir rum – das ist ein klein wenig beruhigend.

Gestern musste ich mir noch von einem Familienmitglied anhören, wie unglaublich fit sie in ihren Schwangerschaften so war – und wenn sie mich so sieht, naja. Ich könnt ausrasten, echt.

Gestern haben mein Mann und ich einen Gipsabdruck von meinem Bauch gemacht. Ist echt toll geworden und eine schöne Erinnerung.

Ich muss irgendwie versuchen, mich heute abzulenken. Wie auch immer. Ich habe noch ein wenig Schriftkram zu erledigen und das Babyphone zu installieren. An Beschäftigung mangelt es mir Vielleicht gelingt es mir ja, meine Gedanken irgendwie abzulenken.

15.07.2011 (38+2)

Meine Mama hat mich gestern sehr unterstützt und wir waren gemeinsam an Hendriks Grab. Und dank des kleinen Prinzen in meinem Bauch war es auch alles auszuhalten. Mir ging es im Vorfeld des Jahrestages nicht gut. Ich vermute, dass es damit zusammenhängt, dass nie geklärt wurde, wann genau Hendrik eigentlich gestorben ist. Am Todestag selber ging es dann so einigermaßen. Von einem schönen Tag kann man natürlich nicht sprechen, aber immerhin von einem, den man gut überstehen kann.

Ich denke aber, mein emotionaler Zustand wäre ein ganz anderer, wenn mir nicht eine erneute Schwangerschaft vergönnt gewesen wäre. Insofern bin ich sehr dankbar, dass es das Schicksal nun doch nochmal gut meint mit uns.

Ich war heute zum CTG und zur Vorsorgeuntersuchung. Im CTG hat mein Sohn wie immer 10 Punkte, also die volle Punktzahl, bekommen. Meine Hebamme meinte, das hätte sie in ihrer gesamten Laufbahn noch nicht erlebt, dass ein Baby immer so konstant 10 Punkte abliefert. Für mich ist das sehr beruhigend. Anschließend war der Ultraschalltermin und meine Ärztin meinte dann, dass das Kind sehr groß sei, insbesondere der Kopf (entsprach 42. SSW) und dass wohl sehr viel Fruchtwasser vorhanden sei. Sie vermutet eine verdeckte Gestationsdiabetes.

Mit dem vielen Fruchtwasser könnte es insofern ein Problem geben, als dass es zum Nabelschnurvorfall kommen kann, wenn die Fruchtblase platzt. Denn vermutlich aufgrund des vielen Fruchtwassers senkt sich das Köpfchen nicht richtig ins Becken. Er hat nach wie vor keinen Kontakt zum Becken.

Jedenfalls hat sie mir aufgrund der Gesamtumstände vorgeschlagen, dass wir am Montag die Geburt einleiten. Wenn das alles nicht funktioniert, dann machen wir einen Kaiserschnitt.

Jetzt bin ich sehr beruhigt und freue mich auf Montag und hoffe, dass die Einleitung gleich den gewünschten Erfolg bringt. Endlich geht es los.

Der kleine Prinz wurde heute auf 3.600 g geschätzt.

Bei dem vielen Fruchtwasser besteht wohl auch die Gefahr, dass sich die Gebärmutter so überdehnt, dass sie dann keine richtigen Wehen mehr produziert.

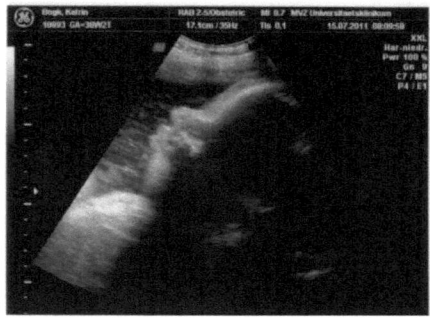

17.07.2011 (38+4)
Ein langer und beschwerlicher Kinderwunschweg geht nun seinem Ende zu und mit der Geburt unseres Sohnes

beginnt ein ganz neuer Lebensabschnitt. Zu Ende ist diese teilweise schwere Verzweiflung bis hin zur gefühlten Depression. Diese Angst, es könnte nie klappen mit einem eigenen Kind, wo doch alle um einen herum so problemlos ein Kind nach dem anderen zu bekommen scheinen.

So liege ich nun zum Sonntagmittag mit meinem dicken Bauch glücklich im Bett. Neben mir schnarcht ein müder Mann und draußen weht ein leichter frischer Wind. Was für ein unglaubliches Glück das doch ist, dass nun doch noch alles gut wird nach all dem Leid und den tiefen Tälern, durch die wir hindurch mussten. Ich kann es kaum erwarten, unseren kleinen Sonnenschein im Arm zu halten.

21.07.2011 (der kleine Prinz ist 2 Tage alt)
Mir geht es erst heute wieder einigermaßen gut. Ich bin seit Montag in der Uniklinik. Heute ist Donnerstag.

Der Einleitungsversuch hat leider nichts gebracht außer heftigsten Wehen. Das Köpfchen vom Kleinen wollte einfach nicht ins Becken rutschen. Dies lag zum einen am vielen Fruchtwasser und zum anderen daran (wie sich später bei der OP herausstellte) an meinem für die Maße des Kindes zu kleinem Becken.

Jedenfalls wurde ich Dienstag früh erlöst und meine Gynäkologin hat den Kaiserschnitt sogar noch höchst selbst durchgeführt.

Und nun ist er da:

Kleiner Prinz
geboren am 19.07.2011 um 08:41 Uhr
3960 g
50 cm

Die Kaiserschnittnarbe schmerzt sehr, aber ich gehe davon aus, dass das in ein paar Tagen alles vergessen ist. Seit gestern kann ich alleine aufstehen. Die ersten beiden Aufstehversuche endeten jeweils in einem Ohnmachtsanfall. Gestern dachte ich, dass alles Mist ist, so dolle Schmerzen hatte ich. Ich dachte, mir zerschneidet es den kompletten Leib, das war wirklich übel. Heute geht es aber wieder. Mein Laufen sieht allerdings lustig aus: man stelle sich eine 105-jährige bucklige alte Frau vor, dann hat man eine ungefähre Ahnung von meinem Gangbild.

Dass mein Sohn lebt und gesund ist, ist einfach unfassbar für mich.

25.07.2011 (Montag)
Am Samstag, den 23.7.11, sind wir aus dem Krankenhaus entlassen worden. Eigentlich wäre meine Entlassung erst am Sonntag gewesen, aber irgendwie war Bettennotstand in der Uniklinik und rückblickend betrachtet war es das Beste, was mir passieren konnte. Zuhause ist es eben doch am Schönsten.

Die Geburt selber war nicht spektakulär. Wir waren gegen 8 Uhr am 18.7.2011 im Krankenhaus. Ich habe dann ein CTG bekommen und anschließend wurde Wehen auslösendes Gel gelegt. Selbiges wurde nach 5 Stunden wiederholt und damit hatte ich die Höchsttagesdosis erreicht. Zwar hatte ich dadurch sehr heftige Wehen, allerdings waren diese nicht produktiv. Ich war schon sehr verzweifelt, da ich abends das Fragmin nicht spritzen durfte. Mein Mann hat mich gut unterstützt und wir waren viel spazieren, um die Wehen zu fördern. Am nächsten Morgen kam dann meine Gynäkologin und hat mir einen Kaiserschnitt vorgeschlagen und mich somit erlöst. Das war gegen 7.15Uhr / 7.30 Uhr.

Dann ging alles ganz schnell. Ich habe meinen Mann angerufen, damit er sich beeilt und kurz nach 8 Uhr da ist. Der Ärmste war gerade aufgestanden und kam sicherlich total in Stress, da er ja noch duschen und mit dem Hund gehen musste. Er kam dann auch regelrecht angerannt.

Kurz nach 8 Uhr war ich dann im OP. Zunächst bekam ich die Spinalanästhesie. Es war ein sehr eigenartiges Gefühl, als mir die Beine einschliefen. Zweimal gab es auch ein Problem mit meinem Kreislauf. Da bekam ich dann jeweils ein kreislaufstabilisierendes Mittel gespritzt und dann ging es wieder.

Danach ging ein heftiges Geruckel und Gedrücke an meinem Bauch los und um 08:41 Uhr war es dann soweit: Mein Sohn erblickte das Licht der Welt. Also besser gesagt: das grelle Keisssaallicht. Und tat seinen ersten Schrei. Sie hoben ihn dann kurz über das grüne OP-Tuch, dass mir die Sicht auf das OP-Geschehen verdeckte, und so sah ich meinen kleinen Liebling das erste Mal. Dies war ein sehr ergreifender Moment. Er war ein bisschen blau, aber er schrie ordentlich. Dann kam er zum Kinderarzt und es wurde die U1-Untersuchung gemacht.

Ich wurde dann noch eine ganze Weile zugenäht, danach wurde ich wieder auf Station gebracht. Dort kam dann endlich mein Mann zu mir mit unserem Sohn auf seinem Arm. Dass war dann noch so ein wahnsinnig ergreifender Moment. Mein Mann legte mir unseren Schatz dann auf die Brust und wir haben den ersten erfolgreichen Stillversuch absolviert. Die nächsten 6 Stunden waren wir dann noch zur Überwachung im Kreissaal und anschließend ging es auf Station.

Dienstagnachmittag kamen meine Mama und meine Schwester, die ebenfalls in den nächsten Tagen ihr erstes Kind erwartet, zu Besuch. Gegen späten Abend wurde mir der Blasenkatheder gezogen und spätabends machten wir 2 Aufstehversuche, die beide in einer Ohnmacht endeten.

Nachts habe ich es dann alleine probiert und das hat funktioniert. Das erste pullern war ganz schön schmerzhaft, aber mittlerweile ist alles wie früher.

Am Mittwoch hatte ich dann leider starke Schmerzen, weil der ganz Bauch voll verklemmter Blähungen war. Dank Medikamenten, Kirschkernkissen und Bauchmassage durch die liebe Schwester Eva ging es mir dann am Donnerstag schon viel besser.

Nur das Aufrichten tat noch sehr weh und auf die Seite drehen ging gar nicht. Ich habe mich immer mit den Armen hochziehen müssen an dem Bügel über dem Bett. Freitag ging das dann schon wieder etwas weniger schmerzhaft und Samstag war alles so gut wie in Ordnung. Heute fühle ich mich bereits wie immer und kann auch wieder gerade laufen.

Im August 2011

Jetzt sind also gute vier Wochen mit dir an unserer Seite vergangen.

Ich kann mit Fug und Recht behaupten, dass die Zeit seit deiner Geburt die glücklichste in meinem Leben war und ist.

Du bist das Puzzleteil, das mir immer zum vollkommenen Glück gefehlt hat. Jetzt sind wir eine kleine glückliche Familie.

Ich bin so stolz auf dich mein kleiner Schatz. Jeden Tag entwickelst du dich in so rasanter Art und Weise, dass einem förmlich der Atem stockt. Du bist unglaublich niedlich und alles an dir ist toll. Ich bin unendlich verliebt in dich und so unglaublich dankbar, dass es dich gibt und dass wir dir den Weg ins Leben weisen und dich auf deinem Weg begleiten dürfen.

Ich bin mir jetzt schon sicher, dich kennenzulernen und dich zu begleiten wird das spannendste und schönste Abenteuer meines Lebens.

In Liebe

Deine Mama

Nachwort

Es ist für mich immer noch unfassbar: Anfang 2015 sind wir mit Hilfe einer weiteren ICSI Eltern einer kleinen Prinzessin geworden. Die Schwangerschaft war ein absoluter Alptraum. Ich habe 9 Monate lang gehofft und gebangt. Ich musste wieder Blutverdünner spritzen, Cortison nehmen, hatte Herzrasen, war nahezu komplett schlaflos, habe sehr viel abgenommen, kurzum – es war das Gegenteil einer Traumschwangerschaft.

Die meisten Symptome waren sicherlich meiner Angst, dieses Kind zu verlieren – geschuldet.

Bis kurz vor dem Moment, als sie aus meinem Bauch geholt wurde und ihren ersten Schrei tat, war ich davon überzeugt, dass das alles nicht gut ausgeht und sie sterben muss. Die Geburt verlief leider auch nicht wie erhofft. Aufgrund der Vorgeschichte hatte ich einen geplanten Kaiserschnitt. Die Sectio war für den Vormittag angesetzt. Wir hatten uns für dieses Krankenhaus entschieden, weil die Uniklinik Babys und Mutter nach dem Kaiserschnitt standardmäßig für 6 Stunden trennt. Bei der Geburt meines Sohnes war uns das erspart geblieben, weil die leitende Oberärztin aufgrund unserer Vorgeschichte dafür gesorgt hatte, dass ich mein Kind sofort zu mir bekomme. Sie hatte leider zwischenzeitlich die Klinik gewechselt und trotz langer Diskussionen war absolut kein Abweichen von dieser Vorgehensweise zu verhandeln. Im Zeitalter der „Kaisergeburt" absolut unfassbar.

In der anderen Klinik wurde mir zugesichert, dass ich meine Tochter direkt nach dem Zunähen bekomme. Während meiner Wundversorgung sollte der Papa das Bonding übernehmen.

Die nun eigentlich für den Vormittag geplante Sectio fand dann aber erst am späteren Abend statt. Den ganzen Tag über hatte man uns wieder und wieder vertröstet. Mein Magen war leer. Der Durst wurde immer größer. Irgendwann am Nachmittag bekam ich dann zumindest eine Infusion mit Flüssigkeit. Unterdessen ging es mir aber psychisch und physisch sehr schlecht. Zum einen war den ganzen Tag über nicht klar, ob die Warterei am Ende des Tages einen Sinn gehabt haben würde, also ob die Sectio noch stattfinden würde. Zum anderen hatte ich meinem Sohn versprochen, dass er nach dem Mittag in die Klinik kommen kann und seine Schwester anschauen und mich besuchen. Dieses Versprechen musste ich brechen und für ihn war es ohnehin wahnsinnig schwer, da das seine erste Nacht ohne mich werden würde. Durch die Verzögerung konnten mich dann auch weder meine Mutter noch meine Schwester wie geplant in den Operationssaal begleiten. Als es dann endlich losging, lag ich heulend und zitternd vor Erschöpfung auf dem OP-Tisch und ich weiß noch, wie sich eine Schwester nach dem ersten Bauchschnitt beschwerte, dass ihre Schuhe ganz nass seien, weil ich so viel Fruchtwasser gehabt hatte. Wenn ich nicht dank der Spinalanästhesie bewegungsunfähig gewesen wäre, wäre ich weggerannt. So hatte ich mir die Geburt meiner Tochter nicht vorgestellt. Zumal ich ja bei der Geburt meines Sohnes erlebt hatte, dass auch ein Kaiserschnitt ein wirklich schönes Geburtserlebnis sein kann.

Nach dem Zunähen bekam ich dann endlich meine Tochter in den Arm und von der Sekunde an war das Leben einfach perfekt.

Sie trank sofort an der Brust und ich habe die nächsten vier Tage mit ihr halbnackt im Bett verbracht. Sie hatte stets nur eine Windel an und ich hatte sie die ganze Zeit auf meinem Oberkörper – Haut an Haut.

Mein Sohn hat mich sehr vermisst und ich ihn auch. Für meine Tochter und mich waren diese vier Tage aber eine sehr wichtige Zeit. Dank eines Einzelzimmers hatten wir Ruhe und Zeit, uns miteinander einzuschwingen und eine sehr magische Zeit zu erleben. Mein Sohn wurde derweil von Papa und Oma und Tante und Cousine umsorgt und geliebt.

Im gesamten ersten Lebensjahr meiner Tochter begleiteten mich noch diverse Ängste. Ich hatte oft große Sorge, dass sie plötzlich sterben könnte.

Mittlerweile ist das Vertrauen, dass meine Kinder stabil und gesund sind und sie nicht plötzlich einfach so sterben, gewachsen. Ich hätte nie gedacht, dass der Verlust meines ersten Sohnes so lange spürbar ist und mein Vertrauen in das Leben so nachhaltig erschüttern würde.

Wir sind mit unseren beiden Kindern jetzt komplett und ich kann unser Glück oft gar nicht fassen. Ich bin unendlich dankbar für dieses große Glück.

Nachwort 2

Im Sommer 2022 wurde ich zum dritten Mal Mutter, wenn man die lebenden Kinder zählt. Die nichtgeborenen Kinder übersteigen die Anzahl der lebenden Kinder um ein Vielfaches. Diese letzte erfolgreiche Schwangerschaft entstand auf natürlichem Wege und dies nochmal erleben zu dürfen grenzt für mich an ein Wunder. Die Ängste waren allerdings ähnlich wie in den beiden Folgeschwangerschaften nach Hendriks Tod. Auch wenn mittlerweile einige Jahre vergangen sind, sitzt mein damals erlittenes Trauma tief und wurde leider nicht einfach, wie ich mir das gewünscht hätte, durch die beiden gut ausgegangenen Folgeschwangerschaften überschrieben. Daher ist im Grunde jeder von einer solchen Verlusterfahrung betroffenen Frau (möglicherweise auch den Männern – aber ich kann es ja nur aus Frauensicht beurteilen) anzuraten, psychologische Hilfe in Anspruch zu nehmen und das am besten schon VOR einer weiteren Schwangerschaft.

Jetzt bin ich auch endlich in der Lage, dieses Buch zu veröffentlichen. Ich habe schon mehrere Male in den Jahren zuvor gedacht, dass ich dieses Buch doch nun endlich mal auf den Markt bringen müsste in der Hoffnung, dass andere Betroffene vielleicht eine gewisse Inspiration aus meinen Erfahrungen ziehen können. Aber irgendetwas hinderte mich daran und ich wusste nicht genau, was es ist.

Vielleicht wusste ein Teil von mir, dass mein Kinderwunschweg doch noch nicht abgeschlossen ist, selbst wenn ich doch so sehr davon überzeugt war, dass meine Reise mit meinen zwei lebenden Kindern abgeschlossen ist.

Jetzt fühlt es sich richtig an, mit meinen Erfahrungen an die Öffentlichkeit zu gehen und ich wünsche mir sehr, dass dieses Buch möglichst vielen Paaren sowie Verwandten und Bekannten von Kinderwunschpaaren oder Paaren, die Verluste erlitten haben, hilft.

Über Rückmeldungen freue ich mich sehr.

Danksagung

Mein besonderer Dank gilt all den Menschen, die mit mir die vielen Tiefen, aber auch die Höhen rund um meinen Kinderwunschweg geteilt haben. Danke Mama, dass du dieses Buch Korrektur gelesen hast. Ich habe mich so gewertschätzt und geliebt gefühlt, als du mir mitteiltest, du hättest dir extra einen aktuellen Duden gekauft und außerdem im Internet zum Thema Autorentätigkeit recherchiert. Danke für deine Liebe und Mühe. Danke Steffi, dass du ein so wunderbares Vorwort geschrieben hast und überhaupt für alles, für in meinem Leben sein und dafür, dass du bist, wie du bist.